中央文明办中国文明网　编

好人365故事 青少版 第四季

孝老爱亲

河北出版传媒集团
河北教育出版社

图书在版编目（CIP）数据

孝老爱亲 / 中央文明办中国文明网编. --石家庄 : 河北教育出版社, 2021.12

（好人365故事 : 青少版. 第四季）

ISBN 978-7-5545-6825-5

Ⅰ. ①孝… Ⅱ. ①中… Ⅲ. ①精神文明建设－人物－先进事迹－中国 Ⅳ. ①D648

中国版本图书馆CIP数据核字（2021）第248930号

好人365故事 · 青少版 · 第四季

孝老爱亲

XIAOLAO-AIQIN

中央文明办中国文明网　编

出 版 人　董素山

责任编辑　陈　娟　王旭瑞

装帧设计　牛亚勋

制　　作　德翰广告设计部

出　　版　河北出版传媒集团

河北教育出版社　http：//www.hbep.com

（石家庄市联盟路705号　邮政编码：050061）

发　　行　全国新华书店

印　　刷　明玺印务（廊坊）有限公司

开　　本　787毫米×1092毫米　1/16

印　　张　8.75

版　　次　2021年12月第1版

印　　次　2021年12月第1次印刷

书　　号　ISBN 978-7-5545-6825-5

定　　价　35.00元

种子的力量

王琦

孟子曰："仁者爱人"。儒家倡导的仁爱，究竟该如何界定，或者见仁见智。在一个儒学传统丰厚的国度，对于在厚重的传统背景下成长起来的中国人，仁爱，多半不是一个弄清概念的理论问题，倒是一个如何恪守尊奉的践行问题。我国传统文化中历来以"老吾老以及人之老，幼吾幼以及人之幼"作为传统美德。孝老爱亲，如果作为一粒种子，我们看到了它长成蔚然大树、乃至森林的气象和前景。

《孝老爱亲》卷里我们看到了在中国大地上最普通、最平凡的人们，他们遭遇了种种不幸和打击，命运的不公和多难，本可以打垮一个人的生命、一个家庭的完整。但是我们又看到了孝老爱亲的种子在中华大地上生根、发芽、开花。

背母读书、教书育人的刘秀祥，最美军嫂袁敏，孝心女孩袁自新，撑起苦难家庭的乐新，孝老无悔的刘晓明夫妇……无论是面对病痛贫困还是蒙受命运挫折，无论是面对子女残疾还是亲人重病，他们，那些最普通又最不普通的人们，用最朴素的孝老爱亲美德和仁爱之心撑起了最美丽的天空、最温馨的港湾。

古有和丸教子，仲郢母之贤；戏彩娱亲，老莱子之孝。家风是社会风气的重要组成部分，家庭不仅是人们身体的住处，更是人们心灵的归宿。孝老爱亲的家风，能使家道和顺美满。孔子云，“少成若天性，习惯成自然。”孝亲的家风应当在子女幼时就早早植入他们的心扉，只要有这样的种子，我们就不难理解为什么在很多遭受劫难的家庭里，我们更多地感受到了令人肃然起敬的孝亲行为和精神力量，感受到了令人意想不到的和谐美满和梦想希望。

毫无疑问，儒家所倡导的“仁者爱人”，首先基于人的血缘亲情。每个人出乎本能，最爱的一定是自己的父母和自己的孩子。这样的爱无须拔高，更不必伪饰，合乎天理，顺乎人情。面对自己的人生，如何秉持仁爱、仁为己任，已然是道德的一种践行；面对苦难、迎难而上、孝亲亲人、影响他人，这就更是“仁者爱人”的一种具体践行。

比方来说吧，当母亲的，一定要学习怎样呵护孩子才会去呵护孩子吗？她是一位母亲，这就够了。她自然地爱自己的孩子，自然地会呵护自己的孩子。所以我们看到了一个又一个母亲，或者具有“母性”的人，践行着孝老爱亲的家风，传承着孝老爱亲的美德。

我们达不到母亲那样的天成博大，至少我们要朝那个目标努力。是为“老吾老以及人之老，幼吾幼以及人之幼”。如此做人，少若天成，习惯成自然；如此做事，积善成德，仁爱满人间。

孝亲家风的力量，种子的力量，犹如竹之始生，一寸之萌尔，乃至节节而为之，叶叶而累之，终而构建蔚然清新、和谐美好的社会。

（作者为著名儿童文学作家）

目录

MULU

从背母读书到教书育人

当年“孝子千里背娘上大学”的主人公刘秀祥，如今已经成为贵州省望谟县实验高级中学的副校长。

1988年，刘秀祥出生在贵州省望谟县的一个小山村。4岁那年，父亲因病去世，母亲伤心过度，患上间歇性精神失常。刘秀祥快乐无忧的童年戛然而止，但命运却没有停止捉弄他，小学三年级时，哥哥和姐姐外出谋生，母亲彻底失去生活能力。

年纪轻，体格小，种不了地，刘秀祥将自家土地转租，租金为每年500斤稻谷，这是他和母亲一年的口粮。刘秀祥这个名字是他自己取的，因为是“秀”字辈，他希望自己平平安安，便取名“秀祥”。

生活的重担压在了他的肩膀上，刘秀祥却笃定：只有读书才能改变命运。1995年，7岁的刘秀祥走进学校，经过刻苦的学习，在小学毕业考试上，刘秀祥排名全县第三。

刘秀祥说，那时候乡下没有教育氛围，他却自觉读起了书，是“一件神奇的事情”。

然而由于经济原因，刘秀祥没能如愿入读望谟县当时最好的中学。于是他自己找到一家民办学校，以摸底考试第一名的成绩免费入校。

2001年，刘秀祥带着母亲去县城求学。初到县城，没钱租房，刘秀祥用稻草在学校旁的山坡上搭了间棚子，在门前的空地挖了个坑，架上铁锅便是厨房。

为了维持生活，放学后刘秀祥会到县城里捡废品，周末则去打零工。他每周能挣20多元，勉强维持母子二人的生活。2004年，刘秀祥初中毕业，考入安龙县第一中学。

到安龙求学时，刘秀祥身上只有600多元，那是他暑假跟着老乡去遵义修水电站挣下的，但这并不足以让他租下一间房屋居住。无奈之下，刘秀祥以200元每年的价格，租下了农户家闲置的猪圈当家。猪圈四面通透，刘秀祥只好用编织袋来遮风挡雨。

高中三年，刘秀祥一边刻苦读书，一边打工赚钱维持生计。2007年，他迎来高考，但命运又一次捉弄了他。高考前一周，由于长期营养不良，加之压力过大，刘秀祥病倒落榜了。

那段时间，刘秀祥内心满是绝望，甚至想过轻生。但坚强的他不想轻易放弃，他翻看日记，看到了自己曾经写下的一句话：“当你抱怨没有鞋穿时，回头一看，发现别人竟然没有脚。”这句话让刘秀祥活了过来。跟那些孤儿比起来，自己至少还有母亲，她虽不能养育自己、照顾自己，但只要有她在，就还有家。

他决定再战高考。2007年8月，刘秀祥成功说服一家私立学校的校长接收他入校复读。2008年夏天，他成功了，考入了原临沂师范学院，现临沂大学。拿到录取通知书时，他抱着母亲大哭了起来。

通知书到了，学费和路费却让人发愁。窘境之下，刘秀祥决定，只要能在假期挣够去山东的路费，就带着母亲一块去，学校提任何条件、签任何协议都答应。

2008年8月，刘秀祥的故事开始被媒体挖掘，随之而来的还有方方面面的帮助。临沂师范学院为他和母亲提供了临时住处，并为他安排了勤工助学岗位。

入学后，不少热心人士和企业都曾找到刘秀祥，表示愿意提供帮助，但都被他拒绝了。刘秀祥说，一个人活着不应该让人觉得可怜，而应让人觉得可亲和可敬。

上大学后，刘秀祥从没停止帮助他人。大学期间，他将部分兼职收入寄回贵州，用以支持初中时捡废品认识的两个妹妹和一个弟弟上学。

2012年，刘秀祥即将大学毕业时接到了家乡打来的电话。电话是刘秀祥捡废品时认识的一个妹妹打来的，她告诉刘秀祥，自己不想读书，要准备结婚了。这让刘秀祥觉得震惊且心酸，他决定回家乡教书。

他想给这个地方带来一些改变，他想告诉那些处于贫困和迷惘中的孩子：人生必须有梦想。

回乡后，刘秀祥成为一名中学教师，也成为一名扶志者。在学校里，许多学生都知晓他当年的事迹，都对他非常崇拜。因为平易近人，亲近学生，平日里，同学们更习惯称他为“祥哥”。

2015年，刘秀祥主动请缨，接手了高一年级一个班的班主任工作。中考总分是700分，这个班学生中考的最高分是258分，最低分105分，没人认为自己能考得上大学。

接过了烫手山芋，刘秀祥决定先从端正学生学习态度和树立自信入手。为了拉近和学生的感情，他分批次将班上学生邀请到家中，亲自下厨做饭给大家吃。

经过三年全方位的陪伴，刘秀祥让曾经的差班完成了华丽的转身，班里47名学生全部考上了大学。中考258分那位同学高考成绩是586分，105分那位同学也考上了本科大学。刘秀祥说："我想要告诉他们，不要低估梦想的力量，你们的老师就是这么走过来的。"

当教师的7年多时间里，刘秀祥每个假期都会到学生家中家访，了解情况。他骑着摩托车几乎跑遍了望谟县的各个乡镇，单是摩托车就骑坏了8辆，先后把40多个孩子从打工工地拉回了校园。

学生杨兴旺曾因为家庭原因和缺乏信心不愿上学。"我没来学校的那段时间，祥哥每次都要打电话和我聊很久。"杨兴旺说，"祥哥的劝说让我打消了读书无用的念头，不管压力多大，我都要努力考上理想的学校。"

在刘秀祥看来，教育的关键在于唤醒，除了唤醒学生，还要唤醒社会的关注。刘秀祥到各个地方演讲，用自己的事迹鼓励更多人追逐梦想。至今，他已经到各地演讲超过1100场。

“我最初想，能改变一两个人就足够了。但我后来想，我不可能只改变一个人。我当班主任，一个班50人，那我就有可能改变50人。可能很多年后，我改变的是500人、5000人甚至5万人。”

2018年，刘秀祥入选了“中国好教师”。听到这个消息时，刘秀祥很激动，但他说：“我只是一个代表，扎根一线和边远地区的老师太多了。我只是一个幸运者。”

“我很庆幸自己没有成为社会的包袱，而且有机会实现自己的价值。”刘秀祥说，苦难让他变得更加坚强和懂得担当。

听好人故事

战疫中的“母子档”

新型冠状病毒肺炎疫情发生以来，家住湖北省宜昌市兴山县古夫镇深渡河村的村民孙晓菊，为了全村的安全，她决定尽自己一份力。于是她主动请缨，去村委会申请成为疫情防控志愿者，承担起了全村的保洁和消杀工作。大年三十那天，她拿上竹扫帚、背着喷雾器，迅速投入到战疫工作中。

兴山县深渡河村共有482户1144人，位于“中国最美水上公路”两旁的山上，山高坡陡、居民分散，辖区内共有11个垃圾收容器和230个垃圾桶，清洁和消杀任务艰巨。每天清晨，孙晓菊收拾好所有工具出门，从最高处的山一直忙到主干路旁，大到屋场院子，小到沟沟坎坎。她总是先用扫帚认真清扫，再用喷雾器仔细消杀。道路、院落清扫、消杀完毕后，她还要拿着垃圾袋去捡拾农田、河边和水沟里的垃圾。全部工序忙碌下来，往往就是一整天，长时间戴着口罩工作，汗水湿透了衣背。这一干就是60天，她的足迹踏遍了深渡河村的山山水水。

清扫、消杀过程中，孙晓菊经常看到用过的口罩被随地乱扔的现象，这引发了她的思考：用过的口罩沾满了细菌、病毒，存在隐患，不能再这么乱丢了。说干就干，在保洁、消杀同时，她为自己额外增加了一项工作。每到一户人家，在保持安全距离内，她总是不厌其烦地叮嘱他们："不外出、不聚集、戴好口罩，用完的口罩放进专属垃圾桶。"除了这些，她还每天自学防疫知识，向村民宣传。她的细心与坚持，有效防止了疫情发生和蔓延，为基层防疫工作筑起了一道屏障。

结束一天的忙碌，傍晚回家，孙晓菊总能在路口执勤处碰见坚守的志愿者"战友"。在交流中，孙晓菊发现他们有的离家较远，家中还有孩子等着照顾，常常要值守到夜晚才能回家。"我住得近，孩子也大了。"后面的日子里，孙晓菊经常在夜里执勤，让其他志愿者可以早点回家。

仅是做好全村保洁、消杀工作就已经很累了，再加上现在这种特殊情况下，工作本身也具有一定的危险性，但孙晓菊还是积极参与村里的其他防疫工作，村党支部书记也打心眼儿里敬佩她。

看着母亲每天在防疫一线兢兢业业辛苦工作，21岁的儿子孙梓昊也深受影响，紧随母亲的步伐加入到村子里的防疫志愿者队伍。他和村里的其他志愿者们一起上门为村民测量体温，做好登记等工作。有时，他还帮母亲一起进行保洁、消杀工作。

母子俩在非常时期挺身而出，不辞辛劳，不仅赢得了大家的称赞，还在乡村防疫中彰显了大爱无私的榜样力量，现在大家都称他们是乡村战疫最美“母子档”。

战疫中的无私奉献，源于长此以往的品德使然。20多年来，孙晓菊一直照料着聋哑婶婶，同时还是婶婶儿子的“母亲”，她用柔弱的肩膀撑起了一个特殊家庭。43岁的她先后获得兴山县首届道德模范、宜昌市妇联“百名榜样女性”、宜昌市第三届道德模范、湖北省“三八红旗手”等荣誉称号，并入选2013年9月“中国好人榜”。

正是在母亲的优良家风教育下，造就了儿子一脉相传的坚毅品格。在疫情防控面前，母子俩不畏艰难，主动担当，始终奋战在疫情防控第一线，书写了乡村志愿者战疫的华美篇章。

听好人故事

十二年后的奇迹

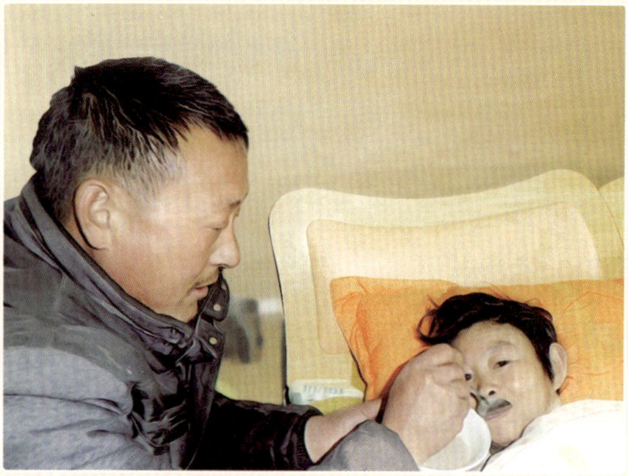

每天吃过午饭，徐家柱就把全身瘫痪的妻子夏成华抱到院子里的躺椅上休息，然后洗碗、收衣服、整理家务。当一切收拾妥当，已经下午3点多了，徐家柱再把妻子抱到屋里的床上，帮她按摩手脚，梳理头发。年复一年，徐家柱就这样照顾瘫痪的妻子，用爱撑起了一个温暖的家。

徐家柱和夏成华都是安徽省滁州市来安县水口镇清水村人，20多年前，经人介绍认识。他俩一见如故，很快便步入了婚姻的殿堂。婚姻生活甜蜜幸福，一年后，儿子的出世更让这个幸福的家庭锦上添花，小两口铆足了劲儿要好好干，让儿子能够过上好日子。

可天有不测风云。经姐姐介绍，夏成华到南京做了一名环卫工人。然而，不到一个月时间，她遭遇了车祸，一辆疾驰而来的农用车令她颅后脑受到了重创，顿时失去了知觉……

医生几次下达病危通知，说不行了，劝徐家柱放弃。但是他知道，妻子还没有死，只要还有心跳，就仍抱有希望。无奈之下，徐家柱只能将被医生宣告为植物人的妻子带回来安县老家照顾，希望有一天她能好起来。从此，丈夫徐家柱的生命重心也因妻子遭遇车祸而整整倾斜了。

徐家柱每天起床后的第一件事就是烧水、洗衣、做饭，为妻子梳头、洗脸、喂饭、伺候大小便、按摩、擦身，然后照顾儿子穿衣、吃饭、上学。每逢农忙季节，忙完这些琐碎的家务，他还得用耕田机把妻子拉到地里，边干活边照顾。

徐家柱从来没有放弃过。“只要她还有一口气，我就不能放弃。”他常常愧疚地说，“她是因为家庭困难才出去打工的，我不能对不起她！”

有人问过他：“几千个日日夜夜，你照顾她，就没有感到不值甚至后悔过吗？”

每次的回答，徐家柱都没有丝毫的犹豫：“没有，我们是两口子，这都是我应该做的，我不能对不起她！”

一年又一年，夏成华始终没有清醒的迹象，亲戚朋友纷纷劝徐家柱放弃，劝他趁着年轻再找一个，但他坚持这个家离不开妻子。尽管这种照顾可能是一个漫长的过程，但他从来没有后悔过。我不能对不起她！这是这个习惯于沉默寡言的男人说过最多的一句话。

徐家柱从来没把妻子当成植物人。在伺候她的时候，他总是一边照顾，一边和她聊天，向她诉说心中的期盼。

也许是徐家柱的苦心终于感动了上天。妻子夏成华在一天早晨醒了过来，徐家柱抱着妻子号啕大哭，这一刻徐家柱等了整整12年。妻子在徐家柱的精心调养下，现在已经能够用简单的声音来表达自己的意思，脸上还时常露出幸福的笑容。

“她要是能完全恢复就好了。当年她出事的时候，儿子才10岁，现在都长大成人娶了媳妇，日子越来越好了，受了这么多罪，真该让她好好享享清福了。”望着妻子一脸单纯的笑容，徐家柱由衷地说。

听好人故事

普通农妇的人间大爱

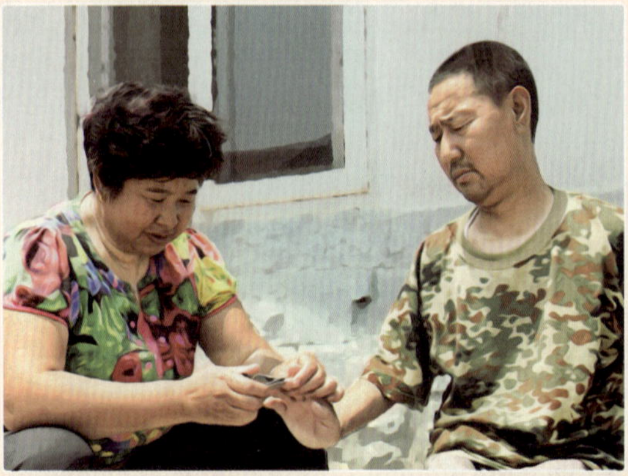

1988年，经人介绍，殷玉珍认识了丈夫林鹤雷，嫁入了山东省青岛市即墨区大信镇司家疃村。林鹤雷家庭十分贫困，家中有好几个兄弟，其中还有两个智力残疾的弟弟。然而，殷玉珍却并不在意。深明大义的她在一切从简的情况下，义无反顾嫁到这个大家庭，和公公婆婆、小叔子们一起和和睦睦地生活了30多年。

结婚这些年来，因为家庭经济困难，丈夫常年外出务工，而婆婆又上了年纪，家中的一切事物都落在了殷玉珍的肩上。洗衣、做饭、收拾房间，她都打理得井井有条。她孝敬公婆，与公婆相处和睦，从来没有和婆婆红过脸、吵过架。殷玉珍的公公身体不好，患有风湿，常常关节疼痛。为了减缓老人的病痛，殷玉珍专门向别人学习了按摩，经常给公公捏肩捶腿，让老人十分感动，逢人就夸儿媳妇勤快、孝顺。

2015年，公公患白内障，做手术住院期间，殷玉珍悉心地守在病床旁，喂饭、喂药、洗脸、换洗衣服，把老人照顾得无微不至。起初，病友们把殷玉珍误认为是老人的女儿，当公公解释说是儿媳时，大家纷纷竖起大拇指，连连夸赞："你真有福气，有这么个好儿媳。"

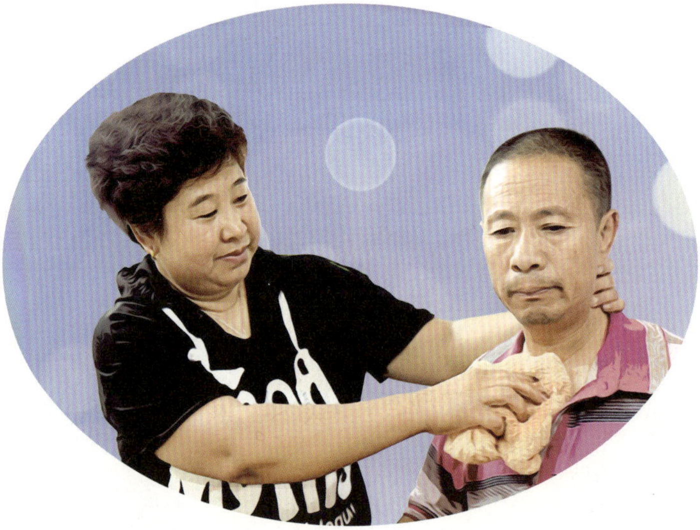

俗话说，长嫂如母。自结婚以来，心地善良的殷玉珍就挑起了照顾两个智力残疾的小叔子的担子。由于两人生活不能自理，殷玉珍便为两人做饭、梳头、剪指甲，两人的衣服、被褥也全都由她来洗。刚换上的裤子又被尿湿，吃进嘴里的东西又吐出来，刚躺下又吵着要起床……30多年来，殷玉珍已经记不起自己多久没有睡过一个囫囵觉。虽然两位小叔子经常会弄脏、弄乱自己的衣服，但是在殷玉珍的照顾下，他们身上一直都是干干净净的。

2016年秋天，小叔子林鹤良得了尿毒症，毒素刺激皮肤出现皮肤瘙痒，殷玉珍便和丈夫每天轮流照顾他，为他擦拭身体，以减缓皮肤的瘙痒感。自患病以来，林鹤良需要定期到医院进行透析和物理治疗，虽然生活并不富裕，但殷玉珍从没想过放弃。为了给小叔子增加营养，她上网查食谱、查食材，每天总是变着法儿地为他准备饭菜。

虽然智力有残疾，但只要有人问两个小叔子："谁对你们最好？"他们总会大声回答："嫂子！"

殷玉珍的行为深深影响着孩子们。现在儿子只要休假回家，就会给叔叔们买好吃的，主动替母亲分担照顾叔叔的责任，给叔叔洗洗身

子、擦擦脸，陪他们聊聊天，推着轮椅带他们出去逛逛、晒晒太阳。儿子说，母亲是他最佩服的人，母亲为这个家庭、为照顾叔叔所付出的一切，每个人都记在心里。

不仅如此，殷玉珍的事迹也深深感染着周边村民，在周边村民中传为美谈："她可孝顺她家老人了，婆婆年纪大了，家务活儿全都自己干，还要照顾两位小叔子，十分不容易，我们都很佩服她。"

面对邻里的称赞，殷玉珍却说这没什么："公公婆婆是非常值得敬佩的人，含辛茹苦将四个孩子拉扯大十分不易，我嫁到这个家，照顾公公婆婆和两位小叔子是我应尽的本分，我只是做了自己应该做的事情。"

30多年来，作为儿媳和嫂子的殷玉珍，一直悉心照顾着公婆，用爱呵护着两个智力残疾的小叔子，为这个家庭默默奉献着。她虽然只是一名普通的家庭妇女，但她勤劳质朴、无私奉献，用自己的孝心和爱心感染着身边的每一个人，为家庭撑起了一片天，为邻里树立了典范。

听好人故事

二十载的不离不弃

琚旺盛是安徽省铜陵市铜山镇姥山社区的居民。1998年3月，琚旺盛发现妻子突然出现了走路摇摇晃晃、经常摔倒的情况，为了给妻子治病，他带着妻子辗转到了各地的大医院，诊断结果为轻度脑萎缩，医生说这病难以治疗。

琚旺盛不敢相信，也不能放弃，妻子才30多岁，这么年轻，怎么能放弃。

琚旺盛带着妻子先后到北京找专家，到乡野求偏方，三年来花费了数万元，但治疗一点进展也没有。一家三口都靠他的工资维持生活，积蓄很快用完了，只能四处借债。

一心照顾妻子，琚旺盛难免疏忽了对儿子的管教。2001年的暑假，儿子贪凉跑去河里游泳，不幸溺水身亡。噩耗如晴天霹雳，让原本就风雨飘摇的家庭，更加濒临绝望的边缘，一家子整天活在痛苦中，度日如年，连琚旺盛自己都觉得没有了活下去的意义。

好在有党和政府的关心帮助，还有街坊邻里、亲朋好友的开解和支持，琚旺盛重新鼓起了勇气，决心和妻子好好生活下去。

2007 年，妻子的病情加重，瘫痪在床不能自理。医生告诉琚旺盛："我们尽力了，带她回去吧，她想吃什么就给她吃什么。"

看着躺在病床上瘦得只剩 60 多斤的妻子，琚旺盛忍受不住内心的痛楚，一个人躲到角落默默地擦拭着早已控制不住的泪水。但他也清楚，如果放弃了，妻子就真的没了。只要还有一丝的希望，就一定要坚持下去。

琚旺盛仍是四处求医，只要打听到有医生能治妻子的病，立即就带着妻子赶过去。

"你何苦啊？"亲戚朋友们都劝他，"你这样不仅浪费精力和金钱，她也好不了了。”

亲戚朋友们的劝说没有动摇琚旺盛的决心，“只要她还有一口气，我就必须想办法让她多活一天，不离不弃是我们当初的誓言”。

当别人早已进入梦乡，琚旺盛还在忙活着收拾家务；当别人刚从睡梦中醒来，他却早已准备好了妻子的饭菜。

为了让妻子好受一点，他坚持每天为妻子擦洗身子，每次擦洗完都为她换上干净衣服；妻子每一次大小便之后，他都会及时帮她清洗。

为了缓解妻子长期瘫痪导致的肌肉僵硬和萎缩，他每隔半小时就为她翻一次身，还自己买书学习按摩，每天坚持为妻子做肌肉按摩护理。

因为妻子的手都蜷缩在一起，根本不能自己吃饭，更不能坐起来，他就用两条厚被子把妻子支撑在椅子上，然后一勺一勺地喂饭。

由于长期受病痛折磨，妻子经常会烦躁不安，总认为自己是一个累赘，常常因为琐事发脾气，但琚旺盛总是笑脸相劝。

有一次，琚旺盛发现妻子竟然想用轻生来减轻自己的负担，瘦弱的妻子含泪哽咽着：“你太辛苦了！我什么都帮不了你，只会成为你的累赘。我不想连累你呀……”

琚旺盛既生气又心疼，他一如最初的坚定：“你是我的妻子，我是你的丈夫。我娶了你，不管你生病与否，我都会照顾好你。我要与你过一辈子！”

二十年如一日不离不弃爱的坚守，让琚旺盛付出了常人难以想象的辛劳，额角的皱纹、头顶的白发写满了人生的沧桑，但他仍坦然而淡定地接受这一切。

琚旺盛的母亲已经80多岁了，身体也不好，之前一直独自在老家，因为不想给琚旺盛添麻烦，始终不肯来到铜陵和儿子同住。

琚旺盛的妻子曾说：“真不知道是哪辈子修来的福分，能遇到这样一位好丈夫，要是没有他我早已不在人世了。”

2018年，琚旺盛的妻子最终还是离开了这个世界。琚旺盛哭得很伤心，他说：“老伴儿这辈子过得太苦，希望在另一个世界她不再受病魔的侵扰。”

听好人故事

最美的军嫂

陕西省宝鸡市高新区天玺路社区住着一户特殊的军人家庭，女主人袁敏曾是一位年轻貌美的白衣天使，2005 年，她邂逅了伤残军人何秀奎，相识的第二年，他们便携手走入了婚姻殿堂。

“嫁给军人是我一生的荣耀。”袁敏说，“不管生活多苦多累，我都愿意坚持下去，尽到自己的本分，照顾好整个家庭。”

袁敏从小就喜欢观看有关军人的影片，听老红军讲述从军时的故事，这种习惯也让袁敏一直对军人这个职业充满了敬佩。长大后，袁敏看到与她一起长大的堂哥入伍时英姿飒爽的模样，她兴奋地对家人说：“男人穿上军装，简直太帅了！”

2004 年，从原宝鸡市中医药学校护理专业毕业的袁敏，成为宝鸡市康复医院的一名护士。2005年的夏天一如既往的炎热，袁敏下班途经某部队伤病员休养所时，瞬间被一位坐着轮椅、身着军装的伤残军人所吸引。虽然只有短暂的一瞥，但那位伤残军人的容貌总是浮现在袁敏的脑海里，袁敏每天最盼望的事就是下班后与他相遇。几个月过去了，袁敏在公园游玩时，那位坐在轮椅上的军人再一次进入了她的视野。这一次，她没有只匆匆一瞥，而是主动上前搭话，他们一见如故，像相识多年的朋友，相当投缘。在交往中袁敏得知，这位伤残军人名叫何秀奎，是湖南省吉首市人，2003年7月28日，他在执行任务时颈部被砸伤，胸部以下失去知觉，从此与轮椅相伴。何秀奎的遭遇深深地打动了袁敏，她勇敢地向何秀奎表达了爱慕之情，但何秀奎却因自身原因不愿给袁敏造成负担。

袁敏是个意志坚定的人，选择了就绝不放弃。她反复劝导何秀奎，并毅然说服了父母。2006年9月5日，二人克服了重重阻碍，终于步入了婚姻的殿堂。婚后，为了专心照顾丈夫，袁敏辞去了医院的工作，投入全部的精力来照顾丈夫的生活起居。袁敏将自己所学用在丈夫的身体康复上，每天为丈夫翻身、擦洗，进行心理疏导等。丈夫的手臂抬不起来，袁敏就给他做康复按摩；丈夫在家待久了感觉烦闷，袁敏就读新闻给他听、陪他下楼散心；为了让丈夫多吃饭，袁敏总是变花样给他做饭。丈夫的笑容越来越多，袁敏的内心也满是喜悦和欣慰。

2008年，袁敏和何秀奎的儿子在吉首市平安出生，儿子的出生给全家人带来了新的希望。何秀奎学着抱孩子，手臂慢慢能够弯曲，也更有力气了。袁敏还鼓励丈夫下厨做饭，在日复一日的练习中，何秀奎学会了做湘菜、蒸馒头，身体素质越来越好，体重也从结婚时的110斤增加到135斤。

如今十几年过去了，袁敏与丈夫情深义重，感情至今如新婚般甜蜜。他们的儿子现已10岁，一家三口其乐融融。

生活中，袁敏和丈夫十分重视孩子的特长发展和品德教育。夫妻俩以身作则，把家里收拾得干净利落，以此教育孩子爱劳动。他们互敬互爱，也教育孩子要有爱心，要与人为善。袁敏说："我一直相信，上天总会眷顾有心人。这么多年过来了，现在孩子也大了，懂事且孝顺，我也可以时常陪丈夫出去散步，我感到很知足。”

有人问她：“嫁给何秀奎，你难道不曾后悔？”

袁敏说：“后悔啥？我天生该嫁给他！嫁给军人是我一生的幸福和荣耀！”

听好人故事

无畏苦难　坚守真情

家住湖北省枝江市仙女镇仙女村的曾庆梅与李先玉是一对患难夫妻，2001年5月16日，对于李先玉来说，是一个黑色的日子。曾庆梅在劳作时不慎从四五米高的油菜垛子上摔下来，导致其胸椎骨折而高位截瘫，在宜昌市第一人民医院花光了从亲戚朋友处借来的两万七千元后，再也无钱继续医治，被迫提前出院回家。

十几年来，丈夫李先玉不仅要照料躺在病榻上的妻子，还要照顾患老年痴呆症的老母亲、抚养女儿、安排一家人的生活、下田劳作，默默地用充满爱的双肩勇挑起困厄家庭的重担。

李先玉每天忙里又忙外，早上四点半就要起床，烧水、做早饭，给母亲和妻子穿衣、刷牙、洗脸、喂饭、服侍她们大小便。还要把她们的中饭安排好后才能出去忙组里的事，忙自己责任田里的事。晚上回来后给她们做晚饭、喂饭，洗衣，为妻子按摩、铺床等，直到深夜才能休息。

插秧本是曾庆梅做的活儿，妻子病倒后，为了节省开支，责任田里的水稻秧也是李先玉自己插。几年下来，李先玉就连针线活儿也会了。村里人都说，李先玉是“全才”，啥活儿都能做。

2016年12月的一天傍晚，为避让对面来车，李先玉连人带车跌进路边沟坎，导致左脚脚踝粉碎性骨折，在医院简单包扎后，拄着拐杖回到了家，继续照顾妻子。

从结婚到瘫痪，曾庆梅从来没见丈夫这么累过，她将这些看在眼里，不止一次地动过轻生的念头。李先玉劝她："你不忍心看我吃苦受累，就忍心让我当孤老吗？"为了稳定妻子情绪，防止她做傻事，他时时刻刻都不敢让她离开自己的视线，干活儿时，他就用板车拖着妻子到地里，把躺椅放在田埂上，让她躺在椅子上，有太阳的时候还不忘为她撑一把伞，只有妻子在身边他才会放心。他的坚持感动了妻子，妻子的情绪慢慢地稳定下来，放弃了轻生的念头，李先玉的心也终于真正地放了下来。

由于生活不能自理，曾庆梅每天要七八次大小便，李先玉不怕脏、不怕累，细心照顾她。为了省钱治病，李先玉没买纸尿裤，而是用家里的旧衣物做成了"尿片"。有一天，村里的妇联主任冯开兰到他家看望，看到家里晒干叠好的尿片足足有一米多高，不禁流下了泪水。

“她是我的妻子，我们是一家人，夫妻走到一起就该同甘苦共患难。”李先玉说，“想想以前她为了这个家，每天忙完农活儿忙家务活儿，而今瘫痪已经让她身体上、心理上都受到了巨大伤害，如果再不好好对她，我怎么对得起自己的良心。”

工作再累，生活再难，李先玉面对妻子的时候，总是笑脸相迎，他要让妻子感受到生活的信心。

稍有空闲，李先玉就给曾庆梅做按摩，防止手脚肌肉萎缩。还买了一台收音机放在妻子的床头，自己不在家的时候，妻子可以听听收音机解闷，让她一人在家也不会寂寞。

高位截瘫病人血流不畅，会导致身体溃烂，李先玉坚持每日三次给妻子洗脸擦身，每日多次为她翻身、搓揉、捶打，勤换被褥，打扫房间。

十多年过去了，在李先玉的悉心照料下，曾庆梅从来没有生过褥疮，现在她还能在轮椅上安稳地坐着。“是你给了我活下去的勇气和信心，没有你，我不可能活到今天。”

“你瘫了我照顾你，你死了我就没有家了，孩子就没有妈了。”

听好人故事

小村寒梅凌霜开

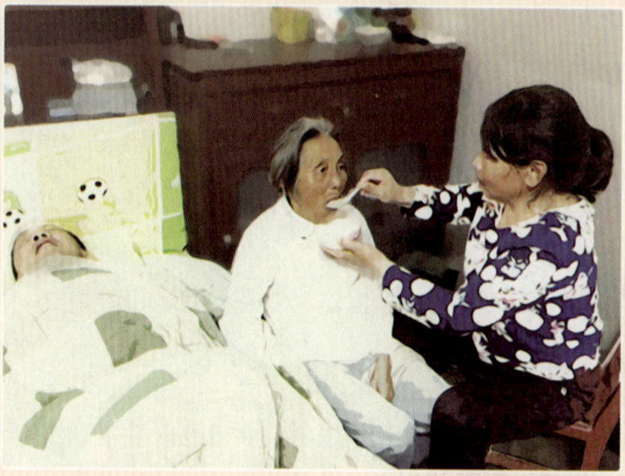

潘来香，一个53岁的普通女人，家住湖北省黄石市阳新县浮屠镇下屋村，在最平淡无奇的生活中，她用坚韧的品质和博大的胸怀，为自己的小家撑起了一把遮风避雨的伞。

在下屋村，潘来香和丈夫邢宏基育有一儿两女。邢宏基以前在黄颡口镇农业服务站上班，她在浮屠镇阳新麻纺厂上班。那些年，婆婆慈爱，儿女绕膝，一家人的生活平静和美。

然而谁也没有想到，2004年11月23日这一天，邢宏基突遭车祸，颅脑造成了严重损伤。

因肇事司机逃逸，四个月的住院治疗不仅花光家里全部积蓄，还欠下一屁股债。

四个月来，潘来香忙前忙后，寸步不离医院。

虽然丈夫保住了性命，但还是成了植物人。那时的潘来香才39岁，三个孩子还小，婆婆又年长，生活的重担落在了她的肩上。身边的亲戚朋友都劝她离开，不要将自己的一生葬送在这个看不到一点希望的家庭。

潘来香拒绝了所有人的“好意”，因为她一走，这个家将彻底垮掉。

每天清晨，潘来香起床洗衣、做饭。丈夫一天三顿饭全靠她坐在床边一勺一勺地喂，一顿饭少则20分钟，长则一个小时。

有时，丈夫倒胃口，吐得她满身都是。潘来香就像养小孩一样，给丈夫系个围兜接着喂。

为防止丈夫身体萎缩、长褥疮，潘来香每天给他做三次翻身，为他搓背、按摩手脚。每一次做完，潘来香双手酸痛，长期下来，她患上了严重的肩周炎。

天气好的时候，她就将丈夫抱上轮椅推出去活动。

2014年12月，婆婆董自秀突发脑出血，右手右脚严重萎缩，生活不能自理。

每天晚上睡觉前，潘来香都要去婆婆房间看几眼才放心。为方便照顾丈夫和婆婆，她索性让婆婆搬进自己房间，与自己和丈夫同睡一张床。这种情非得已的举动在浮屠镇传开了，街头巷尾，只要提到潘来香，没人不竖大拇指。

俗话说，久病床前无孝子。然而，潘来香却做到了久病床前有贤妻。

丈夫爱吃什么饭菜，心情不好时有什么表现，几点几分吃药，几点大小便，夏天怎么降温，冬天怎么保暖……潘来香掌握了“诀窍”。

一家六口人，三个小孩要上学，丈夫每月千元病休工资，仅够日常开销。

2005年，一家老小借住到浮屠镇亲戚家，一来方便丈夫就医，二来也更容易找活儿干。除了照顾丈夫和婆婆，潘来香半夜起来帮早点摊做包子，抽空出去做家政钟点工，摆小炒摊卖炒粉炒饭，摆地摊卖小杂货……什么脏活儿累活儿潘来香都干过。有一阵儿，她还到工地打小工，每天一身泥灰回家，看得婆婆泪眼婆娑。

那些年，潘来香为了节约开支，经常带着两个孩子去邻村的娘家“蹭吃喝”，自行车前面带一个，后面带一个，自家食用油一年只用一壶。

为了给丈夫治病，她家里至今还欠债7万多元。这些年她一边努力给丈夫治病，给小孩凑学费生活费，一边还债，她几乎没有任何空闲时间娱乐，也不曾给自己买过一件新衣服。就这样，她以一己之力撑起了一个家。

如今，大儿子大学毕业后在宜昌市做小生意，二女儿在武汉上班，小女儿大专毕业后在大冶市某校教书。孩子们都有了着落，在社会上找到了属于自己的立足之地，潘来香每每说起来都很满足。

一朵梅花，唯有经历苦寒，方能枝头怒放，迎来生命的辉煌。

听好人故事

孝心女孩　温暖人间

1996年6月，殷自玉出生在江苏省连云港市赣榆区厉庄镇山涧村一个贫寒的家庭，母亲刘吉花自小就患有先天性软骨病无法站立，至今还瘫坐在轮椅上。全家人靠着父亲打零工赚来的微薄收入勉强维持。虽然生活窘迫，但小自玉的出生给家里带来欢笑，没有语言能力的刘吉花也时常打手势表达喜悦。

可天有不测风云，2000年，殷自玉的父亲因肝癌病逝。那一年，她只有4岁。家中唯一的经济来源没有了，生活变得十分拮据。如何生活？如何照顾瘫痪的母亲？父亲下葬后的第三天，外公外婆就把她们娘俩接回了娘家。年迈的外公外婆身体不是很好，干不了重活儿，还经常需要吃药。从4岁开始，小自玉就和外公外婆一起承担起了照顾母亲的责任。

爸爸走了，不能再没了妈妈！懂事的小自玉总会争着帮外公外婆做一些家务，希望减轻他们的负担。从懂事起，小自玉就做着与同龄人迥异的事情：洗衣、做饭、照顾妈妈的生活起居。

殷自玉最怕自己生病。有一次，她夜里发高烧，家里却没有药，她起来喝了好几次水，终于挨到天亮。照顾妈妈的信念支撑着她挣扎着穿上衣服，下地时还差点摔倒。她劝慰妈妈不要着急，去卫生室输完液就回来做早饭。病榻上的刘吉花看在眼里，疼在心上，无法言语的她望着眼前年龄尚小却饱受苦难的女儿，眼泪不住地在眼眶里打转……

一转眼，殷自玉15岁了。外公外婆日渐老去，不忍心继续拖累他们，自玉便萌生了独自照料母亲的想法。那一年，原本成绩优秀的自玉无奈地放弃了学业。她用平板车拉着母亲，回到老家的三间土坯房，独自承担起家庭的所有重担。

两亩口粮田勉强解决了娘俩的吃粮问题，可一个月不到200元的生活补助金让自玉为难了，为了给母亲补充营养，自玉每个月总会省吃俭用为她做上一顿肉，而自己却吃得极少甚至空着肚子。为给母亲买药添衣，不放心母亲长时间独自在家的她，只能去附近的工厂打零工补贴家用。

自玉每天想得最多的是怎样省吃俭用、怎样挣钱给母亲买药。当同龄的孩子们享受快乐暑假时，小自玉在高达35℃的烈日下给农作物除草、收割。

自玉从未过过生日，因为她知道，自己的生日就是母亲的苦难日。妈妈大小便失禁，无论怎么收拾都没有办法弄干净，刚替她擦好身子、换好衣服，但很快就又脏了，床褥也是经常换。殷自玉也曾在夜深人静的时候默默流泪，也曾在崩溃的边缘徘徊。转眼，殷自玉到了谈婚论嫁的年龄，长相俊秀的殷自玉不乏追求者。但面对追求者，她只有一个条件，谁能对待她母亲像对待自己母亲一样好，她就嫁给谁。

殷自玉的孝心孝行打动了同村小伙董鸿武的心。这个善良的小伙子一直帮助殷自玉收割农作物、寻医问药，有时候半夜里帮忙把病危的母亲送往医院。这些都让殷自玉感动不已。2016 年 12 月的一天，在一阵阵鞭炮声中，殷自玉成为最漂亮的新娘。

踏上婚车前，殷自玉双膝跪向母亲，动情地说：“妈妈，您给了我生命，我就是您一辈子的生命。不管何时何地，我们永远在一起。”

结婚的第三天，是农村风俗的“回三”，殷自玉和丈夫董鸿武一大早就来到了娘家。他们收拾好母亲的衣服用品，把母亲抱上平板车，一起拉回了新家。在婆婆家举行的欢迎宴会上，董鸿武的爷爷笑着对刘吉花说：“你就安心住在这里，自玉伺候你，鸿武照顾你，我们这一大家人帮助你。你送给我们一个这么好的孙媳妇，我们就有责任让你过上更好的生活。”

因为瘫痪，肌肉得不到活动，董鸿武就买来各种专业书籍，照着光碟学习按摩技术，每天帮岳母按摩腿脚。不仅如此，董鸿武还经常

带老人去外面散心。董鸿武说，病了的老人更喜欢热闹，逢年过节或者天气好，要多带老人外出散心，虽然背上背下很麻烦，但只要老人高兴，他们就开心。

早在2013年，殷自玉的外婆不幸离世，外公独自居住，她除了照顾母亲，每天都会去外公家帮他洗衣做饭。董鸿武默默地支持她，为老人擦身、端屎端尿，从没有过一句抱怨。

2018年6月底，母亲不幸查出乳腺癌，自玉每天给她擦拭按摩。殷自玉说，她和丈夫已经约好，先全心全意照顾好妈妈，等她百年之后再考虑生孩子。

殷自玉时常会跟董鸿武开玩笑：“你知道我们家这么麻烦还要娶我，你真是傻！”

董鸿武却笑道：“因为你的孝顺，再麻烦，我也要娶你！”

殷自玉与丈夫一起，在坚守着人间至孝的同时，也向社会传递了满满的正能量。

听好人故事

姐妹的亲情接力

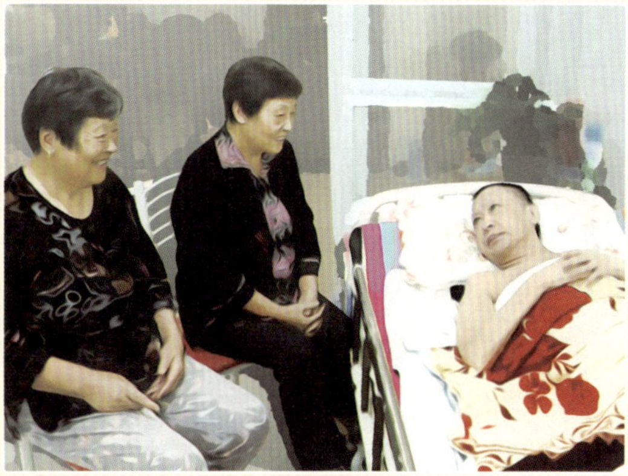

2018年9月18日凌晨5点30分，安徽省亳州市光明西路邓庄六巷22号的一处民宅内亮起了灯，62岁的许长荣站在大她4岁的哥哥许全意的床边，将热水倒入脸盆，浸湿毛巾，又伸手试一下温度，动作熟练地给许全意洗脸、擦身、换尿布，然后接着做饭。

"伸手……翻个身……好……"躺在床上的许全意不一定听得明白，但见到许长荣手臂一抬，他似乎就知道要伸直双手；许长荣一扭脖子，就是要他翻身擦后背……这时候的许全意温顺得像个听话的小孩。由于护理得当，许全意身上至今没有生过一处褥疮，也没有丝毫难闻的气味。

这一切忙完已近7点，许长荣匆匆带上来不及吃的早餐，骑20分钟的自行车到一家制药厂上班。为了贴补家用，在照顾哥哥之余，已退休的许长荣不得已又拾起自己的老本行，到药厂做化验员。

许长荣的哥哥许全意1970年患上精神病，1992年下肢瘫痪，随后又丧失了基本的语言能力，床边再也离不开人。几十年里，为了照顾这个儿子，母亲付出了无尽心血。他也是母亲离世前最大的牵挂。

母亲临终前，许长荣承诺："您放心，只要我活着，就会照顾好哥哥。"听到女儿许长荣和其他子女的回答后，母亲安详地离开了人世，享年97岁。

母亲去世后，许长荣和姐姐许长琴接过"爱的接力棒"，代替母亲继续细心照顾瘫痪的哥哥，践行对母亲的承诺。

许长荣白天上班，照顾许全意的重任就落在许长荣的老伴张传民和73岁的三姐许长琴身上。为了更好地照顾哥哥，老家房子拆迁后，许长琴、许长荣姐妹俩就以一年2万元、有点“肉疼”的价格，合租了一个有院子的两层住宅。对母亲的承诺，要用一生去完成。

“你好好吃饭，身体好了，咱妈也就放心了……”早上7点，许长荣上班后，三姐许长琴用勺子一口一口喂着许全意。

病床上的许全意已经66岁，但皮肤红润细腻，而且气色很好，不见一根白头发。原本全身瘫痪的他，现在不仅能伸手拿一些食物吃，双腿也能自己伸蜷。

有人问许氏姐妹累不累，有没有背包袱的感觉？“照顾自己的亲人有什么怨言和累呢？都是一个妈生的，就是一家人抱团取暖。”姐妹俩说。在姐妹俩心中，母亲许张氏留下的除了和自己流着同样血液的许全意，更多的是坚强、淡泊、满足和爱。

“娘，你在另一个世界安心吧，俺哥就是我们的宝贝。”看着母亲的遗像，许长荣多次泪流满面。

在目前租住的房屋里，许全意住在一楼里屋，有空调和电视机。电视不间断地开着，许长琴也不知道哥哥能不能看得懂，但希望那里面的人声、人影可以让他不那么寂寞。

“俺这小哥就是俺全家的宝贝，大家都宠着他爱着他。”许长荣说，他们总共兄妹七人，由身体还算健康的她和老伴张传民以及三姐许长琴日常照顾许全意，其他的兄弟姐妹以及侄子侄女、外甥外甥女都会隔三岔五地来看望许全意。“俺大哥和大姐已经80多岁了，身体不是很好，隔几天都会让他们的孩子开车拉着他们来看许全意，看着他吃东西都格外开心。”许长荣说，在照顾许全意的事上，家里所有的子孙辈也都非常支持。

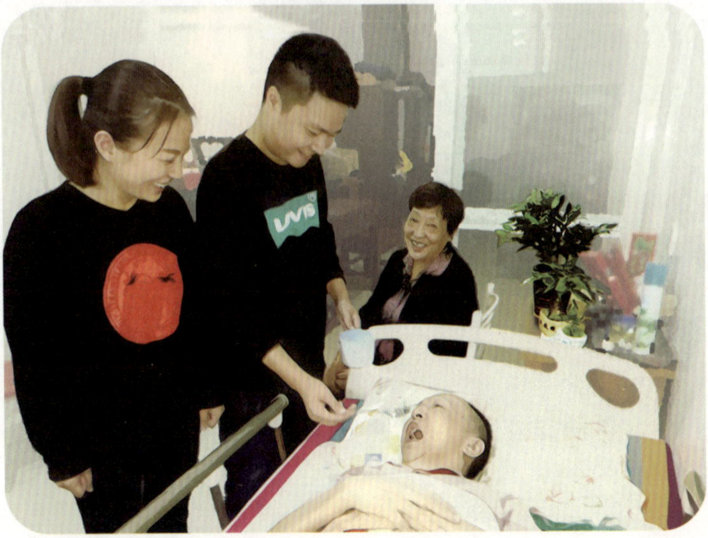

性格开朗的许长荣说，兄妹在一起，再累也不觉得，她有信心把哥哥照顾好。“我经常坐在床头跟哥哥说，我身体好心态好，一定照顾你到老。你活到80岁我就照顾你到80岁。”

听好人故事

她养我长大　我陪她到老

西北工业大学长安校区，1991年出生的孙玉晴和母亲在租住的房子里聊着天。

这天是2018年5月30日，在此之前，她刚刚完成了一场令她担惊受怕却又习以为常的寻人行动——母亲又走丢了，这是她不得不面对的日常“小状况”。她最担心的就是母亲喜欢出去逛，却总回不了家。

享受旅行、肆意追梦、甜蜜恋爱，这些同龄人的正常生活距离孙玉晴都太过遥远。自高三那年养父过世，摆在孙玉晴面前的只有身兼数职，“吃饱饭”，攒钱给养母看病，不负养父嘱托完成学业。

生活窘迫稍有缓解时，年近八旬的养母患上了老年痴呆症，为照顾养母，她只能把自己的活动范围限定在校内。尽管还有很多挑战，孙玉晴却坚定如初："养母陪我长大，我陪她到老。没有她，就没有今天的我。"

孙玉晴勇敢、坚定、自强奋进，她不仅完成了从高职到本科再到研究生的课业，还带着养母畅游北京。

养父母捡到孙玉晴时已是65岁和51岁高龄，虽是养女，他们却将孙玉晴视如己出，邻居们说"能养活就不错了"，他们却靠捡卖废品全力支持女儿上学。

5岁起，孙玉晴放学的第一件事就是拿好袋子跟养母一起去捡拾废品，和养父一起卖废品，给养父母做饭、洗脚、洗衣服、捶背都是她最爱做的事。虽然日子过得紧巴，但那却是孙玉晴心底最温暖的回忆。

饱受高血压和风湿煎熬的年迈的养父，最终还是没能等到女儿考上大学，在孙玉晴高三那年离世。孙玉晴特别自责，一想到妈妈一个人孤零零在医院照顾爸爸，就痛恨自己什么也做不了。每当这件往事跃然心头，孙玉晴总会泪流满面。

至亲离世，还没来得及处理好悲伤的情绪，孙玉晴便不得不面对日益逼近的高考。遗憾的是，那一年她只考上了高职。

"我一定要上大学！给我爸妈争气。"踏入学校的第一天，孙玉晴就下了这样的决心。然而彼时，孙玉晴面临的更迫切的问题是生活费。

去食堂打工，是孙玉晴初入学校时唯一能找到的兼职。卖饭、洗碗、擦餐桌，早中晚三个时段的忙碌，换来80块的月薪，很多同学不明白她为什么要去干这个，殊不知，这样可以省去一日三餐的伙食费，这份兼职孙玉晴干了整整一年。

做销售、翻译、发传单、一天三个家教……在同学眼中，孙玉晴是一个不会玩的“怪人”，因为除去兼职时间，她几乎都在图书馆度过。

孙玉晴舍不得睡觉，从来没午休过，专升本只有一次机会，她必须确保万无一失。提起大学的日子，孙玉晴不免会眼含泪水，尽管她已说不清为什么当时会有那样的勇气，但对那份在她心中“必须承担的责任”记忆深刻。

功夫不负有心人，孙玉晴不仅成功考取了本科，还在2016年考取了西北工业大学的研究生。

除了克服学习、生活上的压力，养母每况愈下的身体状况是孙玉晴最忧心的事。大学那几年，养母每年都要住院三四次，孙玉晴每半个月就要从学校回家一趟，火车票放了满满一抽屉。

子欲养而亲不待，养父离世是孙玉晴心中永远的痛。为了在还来得及的时候报恩尽孝，孙玉晴决定奢侈一次，帮养母完成“到北京看看”的心愿。

如今患上了老年痴呆症的养母，头脑不清醒，总跟孙玉晴闹脾气，还不时走丢。但她却也时不时无意提起“我去过北京”“坐过飞机”的事，这让孙玉晴在疲惫中多了一丝安慰。

一路走来，外界的每一份关怀于她而言都弥足珍贵。

收到西北工业大学研究生录取通知书的当天，孙玉晴一边是欣喜，一边是忐忑。时年76岁的养母身体越来越差，她怎能把养母独自留在湖北老家？思考再三，孙玉晴拨通了辅导员的电话。虽然素未谋面，辅导员却在了解了情况后立即伸以援手，不仅帮她找房子，还帮她申请一系列补助，解决经济上的困难。

学校的关怀让孙玉晴一直感动不已，当时自己在陕西人生地不熟，面临的最大的困难，都是学校帮着出力解决。所以，孙玉晴发誓一定要好好学习。

读硕士期间，孙玉晴一边细心照顾养母，一边砥砺前行。在学习科研上，她赴新加坡、印度尼西亚参加外语类顶级国际会议并作口头汇报；以第一作者的身份，在核心期刊等发表多篇论文并获得了多项奖学金；被评选为第十二届“中国大学生年度人物”；在由共青团中央、全国学联主办的“青春自强 励志华章”主题活动中，获得2016年“中国大学生自强之星”称号。

时序更迭，孙玉晴仍记得高中时期那些关于“一件衣服”“一顿饭”的关切，可能老师觉得微不足道，但对当时的自己来说是莫大的安慰。一路走来，孙玉晴觉得需要感谢的人真的太多了，她觉得只有更加地努力，才能回馈那些帮助过自己的人。

2018年，孙玉晴27岁了，生活的磨砺让她考虑事情比同龄人更加长远。

孙玉晴对从业方向有着清晰的规划。养父曾是小学老师，成长过程中蒙受师恩，让孙玉晴对教师这个职业怀有特殊的情结。她想当老师，想去关心那些有困难的学生，想让那些遇到困难的学生能从自己身上学到一些有价值的东西。

在实现职业理想之前，孙玉晴还有一个读博的愿望，一些了解她艰辛生活的同学对此并不能理解——为什么不去工作？

孙玉晴坦言，她对学术有着一份特殊的热爱。此外，在她看来，只有留在学校，才有更多时间守着母亲。2019年，孙玉晴如愿考上北京航空航天大学外国语学院博士研究生。“我知道未来还有更多的困难，但那么难的日子都过来了，车到山前必有路，所以我会一直坚持、努力去实现自己的梦想。”说这些话时，孙玉晴笑了。

听好人故事

有爱的地方就会有奇迹

山东省枣庄市峄城区底阁镇前岳城村东部，有三间普通的瓦房，这里便是周广照的家。屋内摆设简单，虽空空荡荡，但十分整洁，他的妻子日复一日地躺在床上……

多年前，周广照的家庭十分美满，儿子和儿媳一起开大车，在外跑运输。周广照在一家小型企业上班，每天下班回家，贤惠的妻子总会把做好的饭菜端到他面前，那时的他是幸福的，可谁会想到灾难正悄悄地降临到这个家庭。

2009年10月的一天，周广照的儿子在开车途中由于劳累而把车窗反锁，自己在驾驶室里窒息死亡。面对这个突如其来的消息，周广照的妻子无法承受这个打击，得了脑出血，昏迷了21天后成了植物人。家里原本就不宽裕，妻子所有的治疗费用都是借的，而且在儿子死后不久，儿媳也偷偷地改嫁了，留下了一堆债务。面对这样的情况，周广照也不肯放弃，他的脑海里都是妻子的好：妻子悉心做着每一顿饭，耐心等自己下班回来吃，照顾着一家人的衣食住行……如果这种时候放弃了治疗，真是丧良心。身为共产党员，他不能亏负自己的良心。他哽咽道："只要她有一口气，我也要救她。"

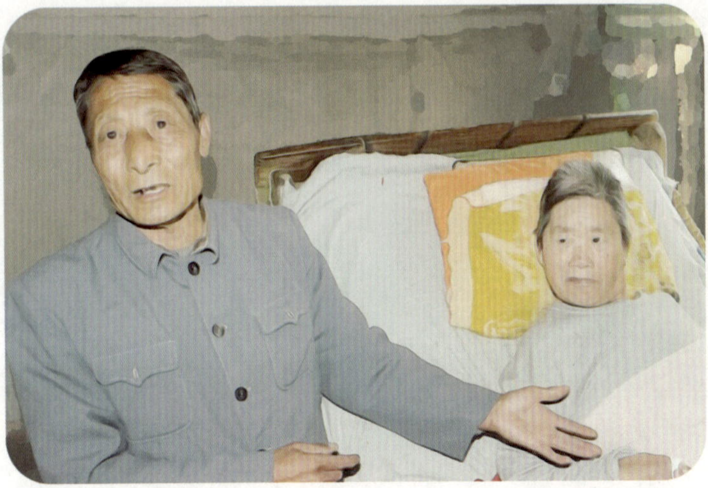

周广照从医院把妻子接回了家，当时妻子还插着管子，吃饭喝水都要通过管子往里面打。一日三餐吃什么，周广照都认真计划好。他每天还要为妻子翻身、擦洗等。时间一年一年地过去了，周广照寸步不离，生怕自己离开了，妻子没有了呼吸，连去剪头发的时间都没有。周广照在等待，等待那份奇迹的出现。

苍天不负痴情人，周广照的妻子终于有了意识。2017年10月的一天早上，周广照妻子的眼睛突然动了，当妻子与他眼神相对的那一刻，他说："值了！"

由于妻子睡着后没有翻身意识，也无法自己翻身，周广照每晚隔两小时就要为妻子翻身，并且拍打背部十到二十分钟，以防止肺部受感染。2017年，周广照因为照顾妻子太劳累，腰椎间盘突出很厉害，医生建议他住院治疗，他说："我不能住院，我住院妻子就没有人照顾。我的脑海里也想过死，如果我死了，可怜的妻子躺在床上就没有人给口水喝，会活活饿死。就是照顾妻子的心，让我支撑到现在。"在他的眼里，妻子就是一切，他天天盼望着妻子醒过来的那一刻。

给妻子按摩是每天的必修课，周广照说他的胳膊比运动员都要粗壮。他有很多自己的小发明，比如能折叠的床，又比如可以用吸管给

妻子刷牙漱口。因为抱不动妻子，他就一点点地给妻子翻身，每次做完，他都是满头大汗，这样的动作每天至少两次。

妻子瘫痪在床的这些年，身上没有褥疮，家里的里里外外都收拾得干干净净，一点异味都没有，对于这个贫苦的家庭来说，实在太不容易。周广照每天早晨起床给妻子喂水喂饭，还要替妻子翻身，需要很长时间，导致他根本没时间到街上买菜买饭。周广照说，这几年家里吃喝的东西都是邻居给的，还经常有好心人早上买些粥、油条等接济他们，他很是感激。

邻里说起这个不幸的家庭，都会伸出大拇指："周广照太不容易了，是好人！"由于为人厚道，平时周广照的家里也是邻里们聚会拉家常的地方，大伙也时常到他家里看望躺在床上的妻子。周广照的付出得到了左邻右舍的敬重，赢得了邻里的一致称赞。

听好人故事

母爱似灯　点亮昏蒙

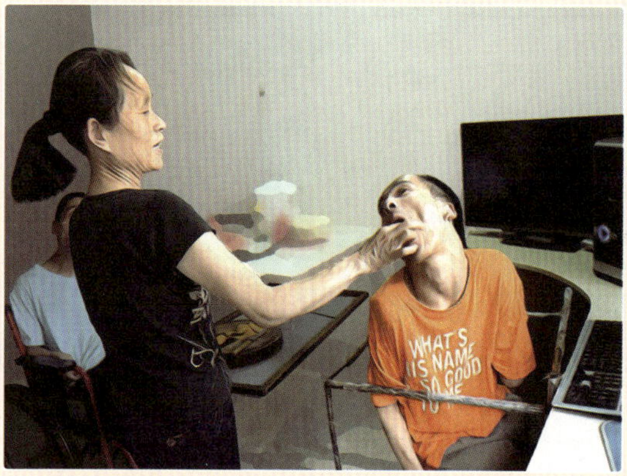

家住安徽省芜湖市弋江区利民二村小区的缪家祥、缪家顺是阮宏玲老人的一对双胞胎儿子。

孩子的出生本应是全家的喜悦，但阮宏玲一家万万没想到命运跟他们开了一个偌大的玩笑。孩子长到7、8个月时，夫妻俩发现他们与其他同龄孩子不一样。起初，夫妻俩以为孩子是缺钙而患上了软骨病，于是带着他们四处求医。然而，当夫妻俩跑遍了芜湖的医院，最终却被认定为，因胎儿时期在腹中缺氧，两个孩子都患上了先天性脑瘫，致使肢体异常。

残酷的现实犹如晴天霹雳，狠狠地将阮宏玲夫妇刚刚感受到的幸福击得粉碎。夫妇俩当时就懵了，为何老天如此不公平！

当时医疗水平有限，无法治愈。从此，“无法独自行走”“生活不能自理”等词语就如刀子般深深刺痛着阮宏玲的心。一个残疾孩子就足以令一个家庭人仰马翻了，他们却要照顾两个男孩。生活和身心的双重压力让阮宏玲一家陷入了悲伤和困境。

当时，阮宏玲才26岁，很多人都劝她放弃，但是阮宏玲始终难以割舍自己为人父母的爱。她想，既然给了孩子生命，就坚决不能抛弃他们，一定要用尽自己的全部心血把两个儿子照顾好。阮宏玲坚信只要自己努力，两个儿子也能和其他正常的孩子一样享受到父母对他们的疼爱和呵护，也能体会到活着的乐趣。

照顾脑瘫患儿有着常人无法想象的困难。因为夫妻二人都是企业职工，收入不高。夫妻俩商量后决定，丈夫在外面上班并摆摊维持家用，阮宏玲留在家里全力照顾两个儿子。

阮宏玲记不清自己哭过多少回，流过多少泪。每次听到孩子们喊着“妈妈，我要喝水”时，她只能隐忍着泪水端起水杯一勺一勺地将水喂到孩子的嘴里。孩子们小的时候，因为肌肉发育不健全，无法站立或行走，阮宏玲只能将孩子一个抱在手上，另一个放在床上，给他们喂饭、喂水，一日三餐，日复一日。

白天，孩子基本上就是不离身，阮宏玲经常将两个孩子一个背着、一个抱着，带着他们到外面晒太阳。到了晚上，她要一手搂着一个孩子，讲着故事哄孩子们入睡，夜里还要起来三四次换尿布、帮助他们翻身。因为孩子们的身体经常会不舒服，夜里哭闹更是家常便饭。阮宏玲常常是刚放下一个，就抱起另一个，没有片刻喘息的空隙。她轻轻拍拍他们的后背，耐心地哄他们重新睡着后，才能闭上眼睛稍微打个盹，整夜只合眼20多分钟是常有的事情。

随着兄弟俩逐渐长大，虽然他们的个头一天天变高、体重一天天变沉，但他们的自理能力仍停留在婴儿时代。

如今，两兄弟的生活仍旧不能自理，吃饭、洗漱、穿衣，就连上厕所都离不开妈妈的帮助。阮宏玲给他们喂饭越来越困难，她就让他们坐在轮椅里，一人一口轮流喂。

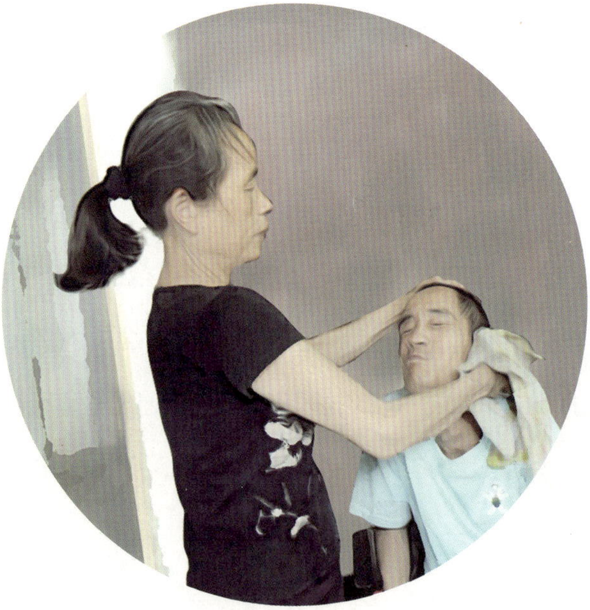

兄弟俩的四肢不协调，难以控制自己的一举一动，表情和动作都十分夸张，常常会不小心把饭菜打倒，洒得满地都是。无奈的阮宏玲只有默默地再去厨房重新做好，然后端来重新喂。他们的吞咽功能也不健全，常常是饭送进嘴里又从嘴角流了出来，阮宏玲就一边喂着，一边不时地用毛巾擦拭。男孩子的饭量很大，喂的时间很长，一顿饭结束，两兄弟饱了，阮宏玲却累得一身汗。

身体瘦弱的阮宏玲在怀孕的时候也只有100来斤，两个儿子成年后每个人都有100多斤。搀扶他们大小便，夜里给他们翻身，夏天给他们洗澡，都令阮宏玲感到困难重重。

每逢夏季，兄弟俩因为动弹不停容易出汗。家里没有空调，阮宏玲一天至少要为他们洗三次澡。给两个年近中年的“男孩子”洗澡、穿衣服，其中的辛苦程度常人无法想象。阮宏玲总是被折腾得筋疲力尽。只有到了晚上，丈夫下班回家后，阮宏玲做晚饭的一段时间才是属于她的“休息时间”。

阮宏玲的两个儿子只能在轮椅和床上度日，但因为有她的细心照料，他们从来没有得过热毒、褥疮。

日复一日地操劳让阮宏玲患上了颈椎病、低血压，但这些从来都没有动摇过她的信念，她总是尽可能地给两个儿子最好的照顾。如今，兄弟俩已能与常人简单交流，还能自主上网学习，甚至能与人下棋对弈。她只要有空，都会陪他们看电视、聊天，有时还用轮椅推着他们到外面呼吸新鲜空气。

日子一年又一年地过去了，阮宏玲的头发已经花白，岁月在她的脸上留下了清晰的痕迹。

对于阮宏玲的双胞胎儿子来说，他们的人生虽然不幸，但又是万幸的。他们在混沌无觉的世界里生活，充斥在他们内心的却是满满的母爱。

听好人故事

她用柔弱双肩撑起苦难家庭

乐琴，湖北黄石人，1999年经人介绍与隔壁高桥村李名利结为夫妻。一年后他们的女儿出生了，夫妇二人到武汉打工。勤快老实的李名利有着一手做铝合金的手艺，乐琴为他打下手。小两口的日子虽然清苦，但很幸福，他们对未来的日子有着无限的憧憬，想着在武汉打几年工，攒够了钱，到时候就回家盖个房子。不料，厄运突然降临。

2002年6月，李名利舌头上长了泡，吃不好睡不好。一开始，夫妇二人以为是上火，吃了几个月的中药还是不见好转，便来到武汉的口腔医院检查，医生诊断是早期舌癌。

乐琴感觉天要塌了。怕丈夫接受不了，乐琴瞒着丈夫说："没什么大病，动个手术就好了。"说完，转身一个人躲到厕所里眼泪直流。

丈夫不肯手术，乐琴好言相劝："孩子还小，需要父爱，父母兄弟也需要照顾，这个家不能没有你！"

李名利的舌头被割掉一部分，医生从其手上植皮补舌头。术后，李名利又接着做了三年化疗。家里没有经济来源，欠下了十几万元债务，都是乐琴从娘家亲戚朋友那借来的。

有人替她担心，如果治不好，她和孩子该怎么办？她固执地说："顾不了这么多，他要是活不了，我也不活了！"

2005年，李名利回老家休养，偶尔接点零活儿干，贴补家用。娘家人见两人带着孩子挤在那栋大雨大漏、小雨小漏的房子里不是长久之计，又凑了几万元帮他们盖了一栋小房子。

为了早日还清债务，乐琴种了几亩田，还养猪养鸡，鼓励丈夫重拾手艺。经过小两口的努力，生活慢慢有了起色。

然而，好景不长，意外又发生了。

2012年，丈夫的二哥李名胜干活儿时，意外摔伤右腿。二伯哥早年离婚，平时一个人生活。治疗期间，二伯哥心情不好，经常发脾气，乐琴总是耐心地宽慰他安心养伤，直到一年后，伤好回到工厂上班。乐琴的婆婆年纪大，身体不好，二伯哥躺在医院病床上的那一年，一直由乐琴端屎端尿照顾。

在农村，弟媳服侍二伯哥总有点忌讳。开始时二伯哥感到十分不好意思。乐琴就对二伯哥说："你把我当你亲妹妹就没事了！"

丈夫李名利在家中排行老三，大伯哥李名战患有智障，一直未婚。2016年，在上海打工的李名战突发脑梗，半身不遂。没有丝毫犹豫，乐琴赶到上海服侍大伯哥。大伯哥转回阳新治疗时，又是乐琴常伴床边，喂汤喂药。

“大伯哥大小便失禁，冬天的时候，她把他抱出来晒太阳，大便经常拉到她身上。”高桥村妇联主任李晓玲说，那几年，乐琴有时候一天换几套衣服，不是她太讲究，而是衣服总被弄脏。

2016年2月，一直患有糖尿病的公公因病去世，不久大伯哥也撒手西去。操办丧事，里里外外都是乐琴忙前忙后。

接连失去丈夫和儿子的婆婆患上老年痴呆症，乐琴便将婆婆接到家里一起生活。

婆婆病情严重，常年卧床不起，有时候大小便失禁，乐琴总是不厌其烦地将被褥抱出来晒。

老实巴交的李名利不爱说话，看到妻子嫁过来就没过上一天好日子，他也常怨恨自己没用，连累妻子受罪。乐琴看出丈夫的心思，常常开玩笑宽慰他。

累到极致时，乐琴也想过一走了之，可转身看到乖巧懂事的女儿和默默陪伴在身边的丈夫，她只得安慰自己：熬过这阵子就好了。

2018年3月，婆婆平静离世。临终前，婆婆拉着乐琴的手紧紧不放，她已经不认得两个儿子，嘴里却喊着她的名字。

家庭变故之初，乐琴经常跑回娘家诉苦，父亲总是劝她，母亲总是默默准备好菜、米、油、盐，让她带走。

这些年，驻村扶贫工作队经常走进乐琴的家庭，送米、送油、送慰问金，送来党和政府的温暖。

乐琴家是一个典型的因病因残致贫贫困户，她一边照料家中的病残亲人，一边积极想办法脱贫致富。2017年10月，在村“两委”的指导支持下，作为村里的贫困户，乐琴依托本地自然湾资源优势，积极动员，带动附近的贫困户、残疾人，合伙成立了喜悦合作社。

合作社成立后，乐琴和乡亲们搞起了河豚养殖、果树种植。2018年，合作社1000只土鸡、1500只河豚成功出栏。她本人获得了阳新县妇联颁发的“巾帼脱贫模范”荣誉证书。

正是这种坚守和吃苦耐劳，让这个曾经衰败不堪的家庭的生活逐渐好起来。

2018年，乐琴小女儿出生了，给这个家庭带来了新的欢乐。如今，大女儿在咸宁读卫校，乐琴的养殖合作社蒸蒸日上，丈夫李名利身体已恢复健康，重新回到武汉工地干活儿，钱也比以往挣得多了。

不要说这么多事，单就一件事发生在一个女人身上，都承受不了。乐琴勇敢地坚持了下来，用柔弱的身板为这个家撑起一片蔚蓝。乐琴的善良与坚韧让大家钦佩不已。

旁人总是说乐琴，家里都这样了，怎么还笑得出来。乐琴笑得淡然：“都这样了，哭有什么用呢，还不如笑着面对。”的确，乐琴的脸上始终洋溢着笑容。

听好人故事

我能想到最浪漫的事

尹荷英与卢海波在2000年结为了夫妻，当时丈夫卢海波在湖南省郴州市桂阳县山区的华泉信用社上班，她在县城的建设银行上班。两地分居，聚少离多，可是这对年轻的夫妇对生活有憧憬，对未来有梦想，对日子有热情和爱，生活过得简单而幸福。那是尹荷英最感甜蜜、最无忧无虑和最难以忘怀的两年。

然而，2003年，尹荷英的丈夫突然晕倒被送到医院，确诊为尿毒症。

这个噩耗犹如晴天霹雳，尹荷英生命中第一次有了天塌地陷的感觉，单单是每日沉重的医药费就已经压得她喘不过气来。

但是，尹荷英强压泪水，从不在丈夫面前哭。为了配合医生治疗，期盼丈夫早一些康复，尹荷英每天强装笑脸，强打精神奔跑照料。

在医院治疗的那段时间，每当尹荷英独自去食堂打饭时，在路上都忍不住哭上好久。哭完，她又强笑着走进病房，还不断地鼓励丈夫："没事的，一切都会好起来的！"

当时他们的女儿刚两岁，作为母亲，尹荷英对女儿的牵肠挂肚可想而知。女儿生日那天，尹荷英的姐姐打电话告诉她，给女儿买了红衣服，还带她去公园玩了。姐姐还说，刚学话的女儿嘴里一个劲儿叫着："爸爸！妈妈！"

听到这些，尹荷英的心都要碎了。她告诉自己，一定要给女儿一个完整的家，再苦再累再难，咬紧牙关也要陪伴丈夫积极治疗。

女人本弱，为母则刚。人生艰难，这个刚刚为人母为人妻的年轻女子，变得异常刚强起来。她绝不相信如此年轻的丈夫就这样倒下了，她坚信他一定会好起来。他们的幸福才刚刚开始呢！

于是，她带着丈夫开始了一条漫长的求医治病之路。北京协和医院、山东潍坊医院、广东中山医院，他们都跑遍了，诊断结果都一样：尿毒症，无法根治。

2009年冬，尹荷英的丈夫突然出现紧急病危状况，身体疼痛得缩成一团，进入高烧昏迷状态。她急忙把丈夫送进医院，医生诊断是血管瘤破裂，立刻送进ICU病房紧急抢救。

在ICU病房，家属每天只允许进去探访一个小时，尹荷英特别珍惜这一个小时的时间。

她爱抚的目光投注到丈夫脸上，拉着他的手慢慢地揉搓，轻轻地、轻轻地对着他耳边说："老公，你要挺住啊！你是我最爱的人，你是女儿唯一的爸爸，我们需要你，你一定要坚强再坚强，你一定要活过来！"她每天来到丈夫身边呼唤、呼唤，不屈不挠与死神争夺丈夫的生命，带着绝不放弃的渴望期待奇迹发生，期待好运降临。

苍天不负有心人。终于，第七天，尹荷英的丈夫醒过来了！

尹荷英的丈夫重新转到了普通病房，他对她说，虽然他处于昏迷状态，但意识还是清醒的。他真切地感受到死神的来临，感觉活下去的希望在一点一点地消退。就在几近绝望的时刻，他清楚地感觉到妻子来到了身边，他清楚地听到了妻子在他身边，他听到了妻子那些絮絮而热切的话语。他立刻叮嘱自己不能走，不能走，一定要活下来，要看着女儿幸福地长大，要看着女儿考上大学。顽强的意志力，让他走出了ICU病房。

丈夫对尹荷英说："老婆，每天早上，当我睁开眼睛，看得见这个世界，知道自己还活着，我就觉得我是世界上最幸福的人！"

这些年来，尹荷英凭着自己的勤奋和努力，在事业上闯出了一片属于自己的天地。她用自己的全部积蓄来给丈夫治病，用不离不弃和悉心照顾激励丈夫与病魔顽强抗争。

卢海波每天都要做四次腹膜透析，尹荷英在旁边陪伴左右，量血压、按摩、定时喂药，慢慢地，丈夫的各项功能开始趋向正常。

即使每天心惊胆战与病魔作抗争，但生活总是充满希望的，开心过好每一天便是生活的真谛。尹荷英不仅对丈夫不离不弃，对公公婆婆也像对待亲生父母一样。

工作繁忙的尹荷英经常会推掉外面的应酬，和家人在一起，帮婆婆做做家务，陪公公聊聊天，一家人总是相处得其乐融融。

尹荷英的公公说：“她是个好媳妇！一年到头，她都对我们照顾得相当好。我们也非常感谢她，感激她。如果每个家庭的媳妇都像她这样，我相信整个社会就成为一个和谐的社会。”

不善言辞的丈夫对妻子充满着感谢。他时不时给老婆写书信来传递自己的感情和爱意，逢年过节他会给妻子买礼物和鲜花，用一些小浪漫点缀平淡的生活。

2015年5月15日是世界家庭日。那天早晨，尹荷英起床的时候，发现枕边有一封手写的书信，她打开一看，原来是丈夫写给她的，题目叫《老婆，你辛苦了》，信上这样写着："老婆，你辛苦了，15年，你从姑娘变成了孩子他妈；15年，你的满头青丝变成了两鬓斑白；15年，你风风雨雨陪我度过；15年，你坎坎坷坷不离不弃；15年，无数次死亡与我擦肩而过，这都是因为你，因为你的伟大爱情紧紧地拉住了我的手。老婆，你辛苦了，太辛苦了！"

读着丈夫的信，尹荷英顿时泪如泉涌。随着泪水，她的心底同时涌出一片滚热的话语："这辈子嫁给这个男人，没有白嫁！我要执子之手，与子偕老，做一个一辈子照顾好你、陪你慢慢变老的好妻子……"

尹荷英和丈夫最喜欢唱的两首歌是《知心爱人》和《最浪漫的

事》。这一天，他们手拉着手，比任何时候都唱得深情、欢快、温暖灵魂。不用说，这是世界上最美的爱情之歌、婚姻之歌。

“我和他结婚快20年了，酸甜苦辣一路走来很不容易，别说照顾十几年，就是一辈子，我也会陪他到底。”尹荷英深情地说，“因为我觉得最浪漫的事就是一辈子照顾好他！”

听好人故事

孝老爱亲姐妹花

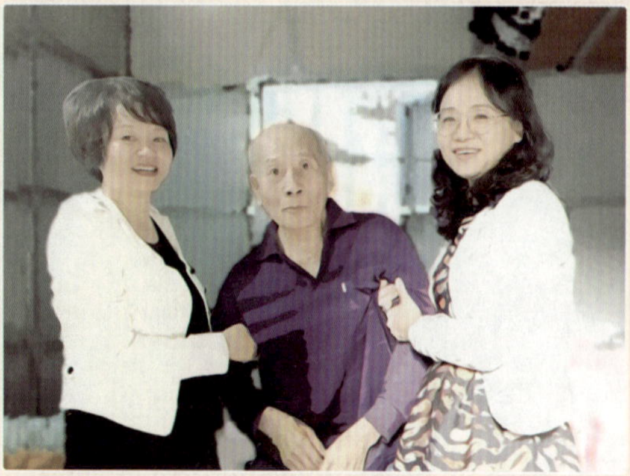

谈起李锾、李蔚姐妹俩，左邻右舍无不竖起大拇指啧啧称赞，不少知情邻居更是忍不住抹泪：“这对姐妹真的很善良，她们太不容易了！”

姐妹俩从小生活在广东省湛江市霞山区一个普通的职工家庭。然而，就在李锾9岁、李蔚6岁那年，家里平静的生活被彻底打破。

姐妹俩的母亲早年患上了强迫症，总是控制不住地反复洗手、擦手。妹妹李蔚出生后不久，母亲又患上了严重的产后抑郁症，无奈之下，只好从饼干厂办理内部退休回家休养，终日足不出房门，吃喝拉撒均在房间里。

在姐妹俩印象中，母亲从来没抱过她们，因为怕脏，甚至没拉过她们的手。她们几乎没感受过人世间最温馨、最宝贵的母爱，反而小小年纪就经常要协助父亲照顾母亲。

万幸的是，她们勤劳善良的父亲用浓浓的父爱撑起了这个不幸的家，一直毫无怨言地照顾着患病的妻子，含辛茹苦地拉扯着两个女儿长大，还经常言传身教，引导她们孝老爱亲，教育她们与人为善、助人为乐。在父亲的庇护下，姐妹俩健康成长，养成了乐观善良、独立坚强的性格。

谁知天有不测风云，由于操劳过度，1993年，年仅58岁的父亲便患癌离世。当时，李锾才20岁出头。

料理完父亲的后事，生活还得继续，姐妹俩擦干眼泪，咬紧牙关，接过照顾母亲的重担。

照顾一个体弱多病且有心理疾患的病人，难度是常人难以想象的。母亲要反复地洗手、擦手，姐妹俩就端水、倒水、换水……尽可能满足她所需。面对母亲的执拗与小性子，姐妹俩像哄小孩一样耐心地劝说……

姐妹俩成家后，不管工作生活多苦多累，都必定按时回家照看母亲，陪她聊家常，为她端饭递水、洗脸擦身、端屎倒尿。

姐妹俩的小叔20多岁时便从湖光老家来到霞山打零工，从此便跟她们一家人生活，感情深厚。直到妹妹李蔚成家，小叔才回到农村独自生活。

小叔50多岁才结婚生子，但儿子刚满两岁时，妻子便离家出走，留下孤苦无依的父子俩艰难度日。

看到小叔拉扯堂弟的凄凉处境，姐妹俩又义不容辞地承担起照顾小叔父子的重任。尽管收入微薄，但姐妹俩仍经常带钱带物回乡下探望小叔父子俩，给堂弟买书和学习用具。在姐姐们的鼓励和支持下，堂弟初中毕业后考入了湛江一中。

然而屋漏偏逢连夜雨，小叔年轻时在建筑工地工作时因被大石砸伤右大腿，导致大腿股骨头坏死，致三级伤残，2013年又不幸中风。为了不耽误堂弟的学业，姐妹俩常常霞山和湖光两头跑，乘坐公交车次数多了，连司乘人员都知道她们是去探望小叔的。

经过治疗，小叔生活尚能自理，但仍需定期到市区医院住院治疗，姐妹俩便轮流到医院照顾他。有时深夜刚睡下，一个电话打来，她们又不得不往医院跑。小叔患病后因缺少运动，加上饮食不当，经常严重便秘，姐妹俩便用开塞露帮助他排便，有时甚至戴上手套帮他将大便抠出。

随着小叔年事渐高，姐妹俩决定将小叔从农村接到她们身边来照顾，既让小叔老有所依，也让堂弟免除后顾之忧，安心完成大学学业。

为方便照顾中风后行动不便的小叔，姐妹俩又花了近万元，将宿舍楼下自家的老旧单车房重新改造成小房子，作为小叔的“新家”。

这间不到5平方米的小房子由坚固的铁皮搭建而成，周围都有宿舍楼遮挡，巧妙地避开了夏天的烈日。其中两面墙上都开了大窗户，通风透气，窗户上还安装了护栏，方便小叔平时扶着护栏做康复运动。屋顶使用了隔音材料，即使下大雨，也不会嘈杂。

邻居路过这里，都会热情地跟小叔打招呼，房子外面也常常有老人家聚会聊天，小叔从不会感到孤单。

为了让小叔日常起居更加方便舒适，姐妹俩还花了很多心思在室内的布置上。她们购置了医用病床，在床边触手可及的地方安装了灯和风扇的开关；轮椅放置在靠床尾处，平时用厚重的砖块固定，把地板铺上松软的地毯，让小叔起床后只需挪半步就能坐到轮椅上；床和轮椅旁边各有一张小桌子，上面摆放着各种药物、食物和生活必需品，无论是躺着还是坐着，都能随时取用；桌子上还有一台小收音机，这是姐妹俩专门买来给小叔解闷用的。

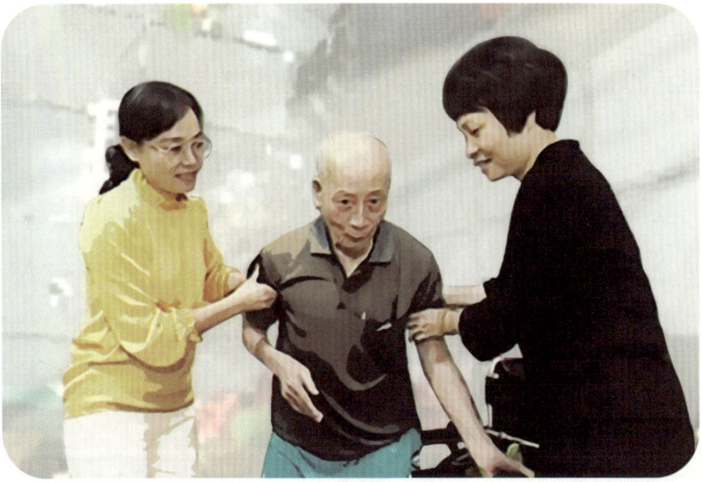

平日里，姐妹俩把小叔当作自己的父亲一样看待，每天“接力

赛”一样给小叔喂食营养可口的饭菜，为他端屎倒尿，帮他洗澡擦身。只要姐妹俩一有空，就去指导、帮助他做康复运动。她们用轮椅推小叔出去看风景，想方设法让他开心地生活。平时一有急需，小叔一个电话姐妹俩就马上赶到他身边，因行动不便，上下车极其困难，需要入院治疗时姐妹俩就用轮椅推着小叔走半个小时的路程到医院……

这边，姐妹俩刚照顾好小叔；那边，她们又要赶回老家照顾母亲。

由于长期足不出户，年迈的母亲因骨质疏松不慎跌倒而摔断了大腿骨，虽经努力医治，但因年事已高，只能长期卧床。

“我们工作日每天都要上班，没法随时在母亲身边帮助她翻身，加上她的心理疾患，不愿意接触现代科技产品，不会使用手机打电话，平常让她一个人在家我们实在不放心。”

万般无奈之下，姐妹俩考虑再三，将母亲送入医院的老人院请人照顾。

由于医护人员和护工细心照料，母亲的气色日益见好。姐妹俩约定，除了特殊情况，每天都要轮流去看望母亲，给她补充营养，陪她聊天，帮她擦身子、做按摩等。

就这样，家庭、单位、母亲处、小叔处，“四点一线”来回跑动成为姐妹俩每天的人生轨迹。

面对生活的一次次考验，姐妹俩常常疲于奔命，却都无怨无悔。

乐观的天性让她们勇于直面生活的种种磨难，还分别在工作上取得了不俗的成绩。

同事眼中的李镘，每天总是行色匆匆，但她爽朗的笑声让人察觉不出丝毫苦涩，幽默风趣的讲课风格还使她成为学生们非常喜爱的老师。由于努力工作，姐姐多次被评为霞山区的教育先进工作者和德育先进工作者，而妹妹也被评为单位的优秀党员和先进工作者。由于单位工作和操持家庭的过度劳累，妹妹李蔚近两年患上了严重的颈椎、腰椎病，有时病痛的折磨让她直不起腰来，但她依然坚守岗位。如果不是前段时间姐妹俩获评“广东好人”，同事们都不知道她们这些年的特殊经历。

二十多年来，虽然苦在其中，却也乐在其中。

“只要妈妈和小叔过得好、过得开心，我们就开心。”姐妹俩说。

听好人故事

她是“亲闺女”也是“好妈妈”

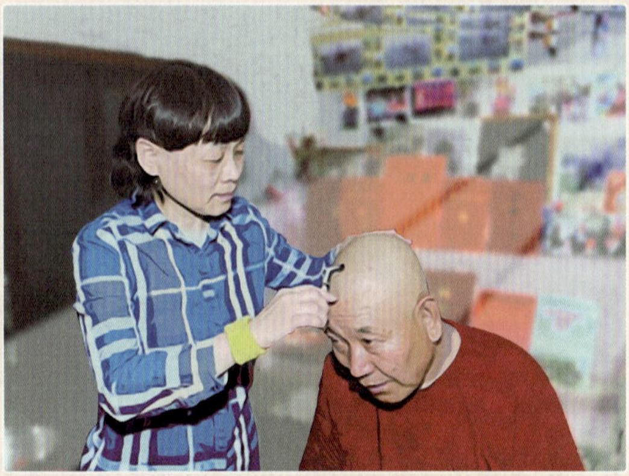

霍淑凤，北京市西城区白纸坊街道菜园街社区居民。

1981年1月，霍淑凤结婚了，成为刘家这个大家庭的一员。结婚以来，霍淑凤和公公婆婆亲如一家。她一直把公公婆婆当成自己的亲生父母，悉心照料日常起居，想尽办法让两位老人开心。

公公平时身体不大好，从1993年起，腿部肌肉开始萎缩，走不了路，霍淑凤就蹬着三轮车拉着公公到医院看病、按摩。2004年，公公被诊断出患有贲门癌，她蹬着三轮车拉着公公到医院看病、动手术，在医院照CT的时候，旁边必须有人陪同，在公公治疗贲门癌的10个月时间里，每次陪护的基本上都是霍淑凤。医护人员经常对公公说：“您真有福，您的儿媳就像您的亲闺女，有些人的亲闺女也做不到这些。”公公患贲门癌后，常常吃不下东西，导致经常便秘，霍淑凤经常拿手给他抠大便，并为他清洗干净。

婆婆的身体也不好，患有高血压、冠心病、糖尿病等多种疾病，曾摔了几次跟头，1997年得了脑出血，瘫在床上，无法行走，大小便、洗澡都成了问题。照顾婆婆的担子也落在了霍淑凤身上。

除了照顾公公婆婆，霍淑凤还用爱心与耐心，照顾着另一位特殊的家庭成员。大伯哥是重智障残疾人，智力只相当于几岁的孩童。没有表达能力，他的一切需求都要靠霍淑凤用眼睛去观察，用心去体会。

刚开始照顾大伯哥时，霍淑凤总是不得其法。一次，在给大伯哥洗澡时，她发现他的腿全肿了，就赶紧去医院给他做了检查，医生说，大伯哥是起了湿疹。听了医生的话，霍淑凤常常责怪自己的粗心。还有一次，大伯哥得了重感冒，这可急坏了霍淑凤，她赶紧带他去医院，挂号、检查、拿药，她忙前忙后地跑着。为了照顾好大伯哥，霍淑凤整天不停地忙碌着，从穿衣到洗脸、刷牙，再到洗澡、洗衣，样样她都得做到位。日复一日、年复一年，自己的孩子在一天天长大，从不能走路到学会走路，从牙牙学语到能够独立思考，至少一天一个变化，一年一个转变，直至成人独立，确实减轻了她不小的压力。然而，大伯哥却永远长不大，生活就像辘轳一样地循环着，压力几乎没有多少减轻。她的生活依然要几十年如一日地忙碌着：穿衣、刷牙、洗脸、洗脚、洗澡……

霍淑凤白天上班，晚上回来照顾婆婆、公公及大伯哥；到了晚上，霍淑凤就睡在客厅的沙发上，她既要伺候婆婆的洗漱、大小便，又要看好大伯哥，晚上睡觉很不固定，睡眠时间很少能超过4个小时。这样的日子，霍淑凤坚持了3年多。

公公婆婆去世时，霍淑凤对他们说："放心吧，我会像照顾自己的孩子一样照顾哥哥。既然有缘成了一家人，我就会好好对待每一个成员。"她是这么说的，也是这么做的。从此，她肩上的担子更重了，她用几十年的坚持不懈，来践行对公公婆婆的承诺。

霍淑凤一边精心地照料着这个与自己没有血缘关系的哥哥，一边不断地努力着提升智障哥哥的认知能力，手把手地教他怎样刷牙、洗脸、吃饭，怎样讲究个人卫生，怎样说话、认字。在霍淑凤与丈夫的细心帮助和不懈努力下，大伯哥已经可以自己刷牙、洗脸、吃饭了，还能进行简单的沟通，还会剪纸、写毛笔字……更为难得的是，大伯哥还能为家人切菜、炒菜、做面条，西城区的几个志愿者曾目睹了大伯哥切菜、炒菜、做面条的全过程，还吃了他做的面。这都离不开霍淑凤的精心训练，因为大伯哥喜欢吃面条，就特意训练他，经过无数次的训练和失败，大伯哥终于能自己独立做面条了，而且，细条的、方块的、菱形的他都能做。在霍淑凤的帮助和陪伴下，大伯哥成了首都雷锋志愿者，每天他都到小区义务清理垃圾。垃圾小车是自己家买的，大伯哥对于自己也能帮助别人感到非常开心。有时，霍淑凤还会带着"老大伯哥"到儿童医院看望住院的孩子们。

现在，在霍淑凤家客厅墙壁上，贴着一张大大的“囍”字，这是大伯哥剪的，这“囍”字已经贴了30多年了。只要邻里街坊有喜事，霍淑凤都会让大伯哥剪一个，红彤彤的“囍”字就像一家人在一起的感觉，传递着幸福、开心。

这么多年来，霍淑凤不仅把原本不完美的家庭打理得和和美美，还主动帮助72岁的空巢老人赵明珍。20多年来，每个月霍淑凤都会去看望赵明珍老人，每天都会打电话问候。霍淑凤和赵明珍认识40多年了，她觉得老人就像自己的亲姐姐。如今她一个人住，照顾她是应该的。

因为有一个残疾哥哥，霍淑凤还对残疾事业尤其关注。她认为关爱残疾人不仅仅是家庭的责任，也是社会的责任，所有弱势群体都应该得到社会的尊重、关心和帮助。

怀着一颗火热的公益之心，多年以来，霍淑凤积极参与社会公益活动和助残活动。

尽管自己的家庭并不富裕，但当国家出现灾情时，霍淑凤积极主动地向灾区捐钱捐物，她还带领家人及亲戚每年都参加公益捐赠活动。霍淑凤认为：活着就要担负起家庭和社会的责任，死后也要发挥出最后一丝光和热。

有一次，霍淑凤看见社区信息栏上张贴了“冬衣送暖”募捐活动，就带着1000元钱来到菜园街社区居委会，可又觉得捐了钱还不行，灾区人民更需要的是棉衣棉被，当时她就骑着车到附近的商品市场买了30床新棉被捐给了灾区。看着码放整齐的新棉被，想到过一阵就会送到灾区人民的手里，霍淑凤从心里觉得特别开心、满足。

一次公益捐赠中，有两件棉袄一度让霍淑凤十分“牵挂”。这是霍淑凤婆婆去世前亲手做的，连上面的盘扣都是婆婆一针一线缝制而成，十分精致漂亮，霍淑凤还特意去大商场花钱将它们熨烫贴服，本想一直留着当个念想儿，但思想斗争了好久最后还是觉得应该送给灾区的受难群众，给予他们一份温暖会更有价值。

霍淑凤这位“50后”，爱唱歌，爱跳舞，爱做运动，她用“50后”的方式去拥抱生活、热爱生活，将公益当成自己的事业。她是红十字会的志愿者，自1989年第一次献血，几乎每年都会参加献血活动，至今已经无偿献血12900毫升，相当于人体两倍多的血液总量，霍淑凤获得过全国无偿献血奉献奖金牌、铜牌以及数不清的证书。她说，一想到我的血能让需要它们的人得到健康，甚至重获生命，我就十分开心。

对于自己的“身后”事，霍淑凤更是早有打算：遗体捐献用作医学研究，眼角膜捐献用来救治失明的人。

霍淑凤让一个有着残疾人的家庭过得有滋有味，让一个三代同堂的家庭充满了欢声笑语，他们家每年都被评为“社区三好家庭”。她的坚持和付出得到了大家和社会的认可，她荣获“2012年北京市万名孝星”奖章、“2013年西城区功德之星提名奖”、2015年“首都最美家庭”称号、2016年“北京市三八红旗奖章”、“2017年感动西城人物”荣誉称号、“2017 北京榜样”年榜提名人物、2015—2017 年度“首都文明家庭”称号……

霍淑凤，她是智障大伯哥眼里的“亲妈妈”，她是公公婆婆眼中的“亲闺女”，她是女儿眼中的人生坐标，她是别人眼中乐于助人的“活雷锋”。“妈妈”、“闺女”、母亲、妻子、“活雷锋”……霍淑凤凭借自己孝老爱亲和乐于奉献的精神，承担着生活中的多重角色，维持家庭的幸福和睦，并向身边人传递着蓬勃的正能量。

听好人故事

至柔至坚慈母心

1996年的冬至，对于北京市通州区台湖镇玉甫上营村村民白忠珍来说，是个终生难忘的日子。那一年，25岁的儿子于井全刚结婚不久，工作上也小有成绩，年前还给她带来了一个可爱的小孙女。原本该享受儿孙绕膝之福的她，却被命运开了一个大大的玩笑，原本幸福美满的家庭变得支离破碎。

那天下午，于井全去电器维修店里修理电视机，不想路上遭遇了车祸，白忠珍和老伴儿闻讯赶到医院时，于井全已经因失血过多陷入了昏迷，生命垂危。经过医院的全力抢救，于井全的命虽然保住了，却变成了一个高位截瘫的重度残疾人。

出院后的于井全痛不欲生，经常重重地拍自己的脑袋，儿媳妇伤心欲绝，不知今后该怎么生活，小孙女也嗷嗷待哺。白忠珍悄悄抹去自己的泪水，咽下满心痛楚："没事儿，有娘在呢，不要怕！"

白忠珍替儿子做了一个决定，白忠珍不忍让还年轻的儿媳从此一辈子伺候自己的儿子，劝走了这个当时只有二十出头的姑娘。从此，她如同一支两头燃烧的蜡烛，用自己的残年余力照顾儿子、抚养孙女。

白忠珍对儿子说："孩子，你不要自卑，有妈呢，妈是你的后盾。妈只要有一口气，就能照顾你，我会把你照顾好好的。你听妈的，挺起来！妈都挺起来了，你为什么不挺起来？"

从此，抱儿子起床、为儿子擦洗身体、全身按摩、端屎端尿、洗晒尿布，就成了白忠珍每天雷打不动的功课。

于井全受伤后，身体素质直线下降，因贫血、褥疮感染，几次住院治疗。于井全高烧时输过庆大霉素，严重的副作用致使耳朵失去听力。所以白忠珍老人与儿子交流，完全靠自创的哑语，于井全的手势只有最亲近的人才能看懂。

虽然听不到声音，但母亲的辛苦，于井全一直都懂。他说："老妈，辛苦了！不要太着急，有什么事都甭着急！船到桥头自然直。只要您健健康康的，您多活几年，我也多活几年呢，是不？"

20多年过去了，已经70多岁的白忠珍老人干起活儿来不如从前利索了。她有一次不慎摔伤，腿一直肿着，走不了太多路，可她照顾儿子还是那么妥帖周到，不落下每一个细节。有时，她的身体不舒服，也会挣扎着起床，把做好的食物端到儿子床边，伺候儿子吃了饭和药，再回去躺着。

谁解慈母心，今日寸草报春晖。

如今，于井全的女儿已经长大成人，成了一名白衣天使。在她精心的护理下，父亲多年的褥疮一点点好转了。

她说：“主要就是我把照顾我爸那份工作承担起来了，奶奶的负担就轻了好多。我从来没想过，这家会有垮了的一天……怎么着，也还有我呢。”

了解到于井全的身体状况需要常年用药，台湖镇政府联系了台湖卫生院相关部门承担起了于井全每年1万多元的医药费。虽然生活不易，但白忠珍却始终心怀感恩。

白忠珍说：“我做的这些事呢，也不是什么很了不起的事。我始终认为，我的家庭也给大家、给社会带来了不少麻烦。我得感谢党，没有党，也就没有我们的今天。”

听好人故事

爱在不离不弃中生长

家住江苏省南京市秦淮区王府园社区的李远来是一名退休干部。

2006年10月2日，李远来的老伴张腊娣突发脑梗，虽经抢救保住了性命，却失去意识成了植物人。在医院住了一个月后，医生动员李远来把老伴接回家，让他做好心理准备，但李远来看到老伴的睫毛还可以微微颤动，就不愿放弃，只要还有1%的希望，他决定付出一生的努力，哪怕苦点儿累点儿，也要换来奇迹。

李远来知道，要让老伴恢复到以前是不可能的事，但他的要求也不高，只要张腊娣有一天能开口说话，每天和他说上一两句，哪怕是拌嘴，他也心满意足。

当时，李远来刚刚退休，刚过60岁的他推掉了所有社交活动，全身心照顾老伴。这一晃，就是10多年。

尽管李远来的心思全扑在了照顾老伴身上，但因缺少照料经验，长期卧床的张腊娣还是得了严重的褥疮。长12厘米、宽6厘米的伤口，几乎能看到骨头。大家都说伤口太大怕是不容易好了，但李远来不肯放弃。张腊娣出门就医不便，李远来就拍了伤口的照片，揣着数码相机四处求医问药。执着的老李辗转咨询多家医院，回家后仔细敷药照料……几个月下来，偌大的褥疮竟在李远来的护理下奇迹般地开始恢复。经过9个月的漫长护理，褥疮完全愈合了。

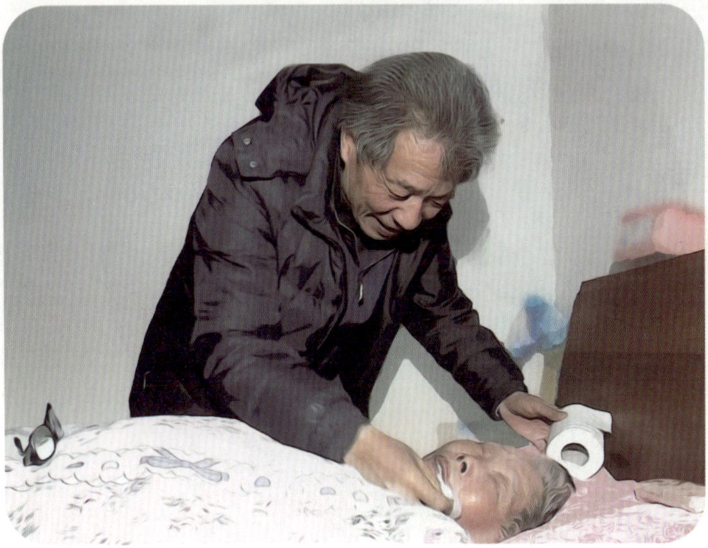

邻居穆兰红将李远来所做的一切都看在眼里，他对老伴的细心与呵护，在她的心中留下了深刻的印象，“从医院回来以后就给她擦药，当时伤口很深，一个棉签都够不到底，后来慢慢好了，真的是个

奇迹”。

从那以后，李远来更是每隔2小时就给老伴翻一次身，深夜和凌晨也不间断，褥疮再未复发。10多年来，李远来没睡过一个安稳觉，克服了日常护理中的种种困难，自己也成了半个“护理专家”。

老李的业余生活，就是坐在老伴床边，看电视、看报纸、练练毛笔字。当问他是否出去健身时，他摇摇头，笑着说：“照顾她，就是健身了，运动量足够了。”

孝顺的儿女看在眼里，疼在心里，每周都会至少回来一次照顾老母亲，为她洗头、擦身子……但老李怕影响儿女工作，总是说：“你们忙工作，早点回去，我一个人应付得来。”儿女请保姆照料的想法也被老李否决了，他害怕外人没有自己上心，没有自己细致入微，没有自

己了解老伴的喜怒哀乐。

在爱的呼唤下，在老李的坚守下，沉睡的老伴在慢慢苏醒。现在，她的眼睛无法主动睁开，但是老李轻轻撑开她的眼皮，她就能看清来探望她的王府园社区主任穿的衣服是“红色”的。她还能慢慢讲话，并有了记忆。

老李和老伴是经人介绍认识结婚的，两人没有轰轰烈烈的爱情，一直都是平平淡淡过日子。

老伴没有工作，但是她很能干，把家务活儿全包了。她生病前，老李几乎没有干过什么家务。老李说，老伴也曾撑起了半边天。

现在，所有家务活儿都是老李的了。家住慧园里5号的华句红和张腊娣是老乡，经常上门看望她。张腊娣从完全的植物人到现在能认清人，听了声音便知道是5号的华大姐又来看她了。张腊娣的状态越来越好，老李这几年却越来越憔悴了。

大家觉得老李不容易，他却轻描淡写，说这些都是应该的，夫妻有难同当很正常。对未来，老李满怀希望：“她在一天天好转，我相信她有一天会突然睁开眼睛。那个时候，她就彻底好了。”

听好人故事

爱亲无怨　孝老无悔

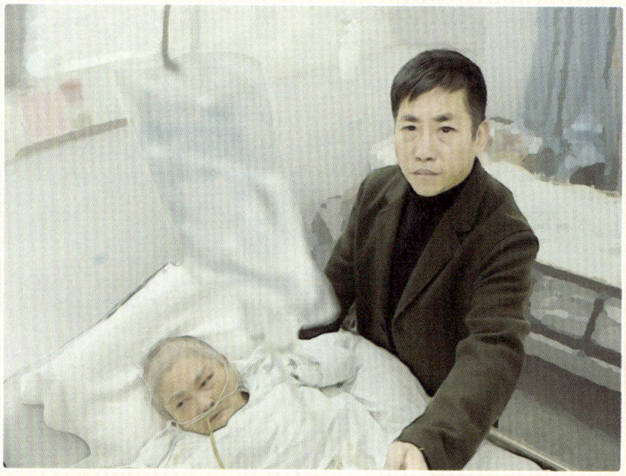

夫妻恩爱、女儿乖巧，福建省福州市的刘小明原本拥有幸福而安定的家庭与生活。然而，天有不测风云，人有旦夕祸福，命运不负责任地抛出一个又一个的玩笑，接二连三始料不及的变故，打破了这平静。

1995年，刘小明的妹妹在家中因煤气中毒瘫痪。年轻漂亮的她，从此只能长期依靠一根手指打字来与家人交流。

雪上加霜的是，4年后，刘小明的母亲因患上脑栓塞中风偏瘫，双目失明，卧床不起。年迈的父亲由于心血管疾病成了医院的常客。2003年，刘小明的父亲去世后，哥哥也突患脑梗死，截瘫不起。母亲年迈，哥哥离异，妹妹未婚，现实的重担扎扎实实地压在了刘小明夫妇的肩膀上。

令人欣慰的是，20多年来，刘小明和妻子风雨同济，挺起不屈的脊梁，共同扛起生活的重担，也支撑起一个更有爱的家。

三个家人卧病在床，首先带来的便是巨大的经济压力。母亲的高血压与冠心病每月都要花费上百元的药费，哥哥和妹妹没有经济来源，但在医院中每月也需支付约数千元的生活护理费和医药费。每逢亲人急病发作需要抢救，一入院往往就需要垫付两三万元的医疗费。20多年来，光是住院治疗就花去近20万元。为了保证老人病情的稳定，夫妻二人每年都定期送老人前去检查治疗，公费医疗不足，就自己掏钱补贴。哥哥和妹妹需要抢救，所需的费用刘小明也当仁不让地承担。母亲平常在医院中无人看护，刘小明夫妇还专门请了一个护工来照顾母亲。

俗话说，久病床前无孝子。比金钱付出更为难得的，是数十年如一日的陪伴与关心。

母亲患病初期，每到周末，刘小明便和妻子提着精心挑选的牛奶和水果，准时出现在母亲的病房内。查看了点滴的药量，刘小明轻轻握住母亲的手，慢慢讲述起家中的大小事务。妻子则俯下身子，一遍又一遍地梳理婆婆的头发。

待母亲病情稳定些，刘小明夫妇俩把她接到自己家中悉心照料，为她洗脸洗脚、端屎端尿、喂饭喂药，夏天为母亲打扇擦背，冬天则备好棉袄棉被。母亲双目失明，行动不便，难免脾气急躁，刘小明便耐心地开导母亲，为她读报纸、讲笑话，说说社会上的趣事来逗她开心。因为担心母亲寂寞，他还专门买了收音机和歌碟放给母亲听。妻子则担负起了为母亲按摩的重任。每次都得眼、手、脚并用，既要用手扶好婆婆，还要时刻盯着婆婆脚的位置，以便自己用脚随时调整凳子的位置，保证婆婆弯腿即可落座不至摔倒。每逢母亲生日，夫妻俩还要忙着张罗生日会，给母亲增添新衣，购买喜欢吃的零食。

像对母亲一样，刘小明夫妇俩每年都会为哥哥、妹妹过生日。每逢节日，就给他们送月饼、粽子、年糕、年饼、水果等，让患病的哥哥和妹妹能时刻感受到亲人给予的关爱和温暖。

除了日常的陪伴，家人们病情的反复无常也为生活带来了更多的挑战。母亲住在家中时，为了稳定母亲的病情，刘小明每天都要赶往医院拿药，白天没空晚上去，晚上没空就抽空去，工作再忙再累也从未耽误过一天。妹妹刚刚生病时，在长达4个月的时间里，每天早上6点，刘小明就要背着妹妹前往省立医院的高压氧舱内进行治疗。由于亲人们患的都是心血管方面的疾病，每年都会遇到突发病，需要送往医院急救。夫妇俩都是在第一时间赶到医院，为亲人抬担架、拿检查单、送饭洗衣，再利用休息时间到医院为他们做按摩，活动四肢，鼓励他们与病魔抗争。

20多年来，刘小明夫妇俩几乎每个节假日都是在几家医院之间奔走。有一年春节，为了让亲人能够团圆享亲情之乐，大年三十，夫妻俩把他们几个都接到一起吃团圆饭。医院里的医务人员看到这家里三个瘫痪病人，三辆轮椅，婆婆需要帮忙把饭菜弄到勺子里，哥哥吃饭要喂，妹妹也要喂，夫妻俩忙碌不停，连孩子也跟着一起帮忙的场景，都流下了感动的眼泪。他们说："别人家里有一个病人就已经忙得够呛了，可你们家有三个病人，怎么忙得过来啊，多亏了有你们这对善良的夫妻。"

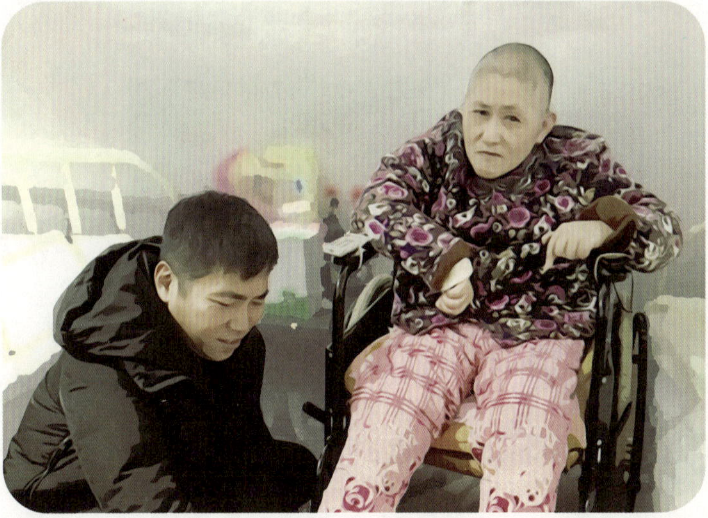

是的，为了家中的三位瘫痪亲人，刘小明妻子已有20多年没有回广西老家和自己的父母弟妹过春节了。但是，在刘小明夫妇看来，虽然苦点、累点，但一家人和和睦睦、快快乐乐地生活在一起，也有着特别的幸福："父母给了我们生命，如果我们忘记了父母之恩，就是忘记做人的根本，只有爱自己父母的人，才有能力怀揣一颗爱心去爱别人、爱世界，才能赢得别人的爱。"

听好人故事

用母爱点燃希望

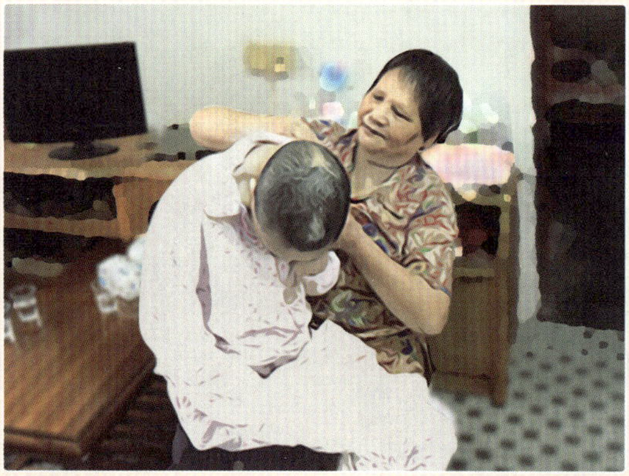

罗秀珍生活在广东省四会市的一个普通家庭，尽管家里经济收入有些拮据，但女儿小卢懂事孝顺，完成学校的功课后还会帮自己分担一些家务，母慈子孝，整个家充斥着温暖的爱意。这平淡的幸福让罗秀珍对未来充满了希望。

然而，在高考前夕，一场突发的高烧剥夺了小卢的健康。虽然从“鬼门关”捡回了一条命，却不幸患上了脑瘫。从此，小卢瘫痪在床上，生活不能自理。

突如其来的噩耗，给罗秀珍带来了巨大的打击，令她陷入极大的悲痛。她感到眼前一片漆黑，抱怨命运带给她如此大的创伤，她抱怨自己不能找到办法治疗好女儿。

她每天夜里都祈祷，希望女儿可以尽快康复。但是一年又一年，女儿依然无法走下床。

多少个夜深人静，罗秀珍都会默默流泪，但在女儿面前，却从未流露出半点悲伤的神情。她每天都跟女儿说话，尽管女儿不能回答，但她知道，女儿是能听到的。

为照顾女儿，罗秀珍辞职了。原本拮据的家，曾经一度陷入困境，只能依靠丈夫的微薄收入和申请的低保来艰难支撑。

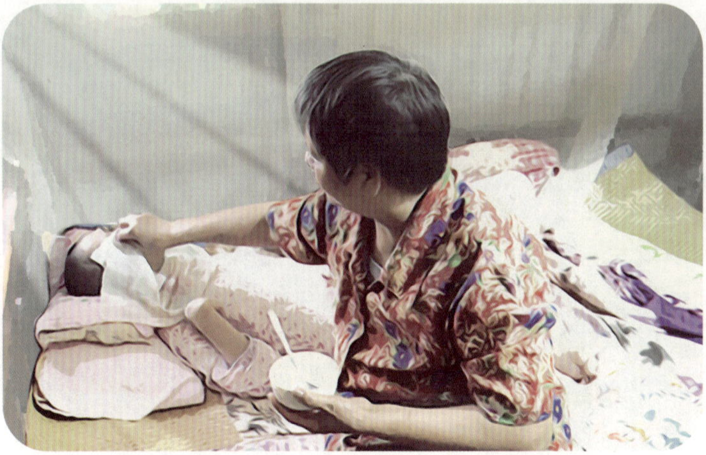

那个时候，旁人根本无法理解罗秀珍的心酸，也有很多邻居劝她放弃，重新生一个健康的小孩。

面对周围人的劝说，罗秀珍不为所动，她咬紧牙关，默默坚持着。她放弃了人生应该享受的年华，20多年来从未出过一次远门，她一直省吃俭用，连件像样的衣服都舍不得买。

20多年的坚守与执着，罗秀珍从原本的满头青丝变成了两鬓斑白。她竭尽所能地尽着一个母亲的责任，她用最真挚的母爱抚育着女儿，从吃喝拉撒到饮食起居，延续着瘫痪女儿生命的曙光。她每天要做的事情就是，给女儿穿衣、洗脸、喂饭。为了防止肌肉萎缩、关节粘连，她每天都要给女儿小卢做全身按摩。天气晴好时，她还会把女儿抱到轮椅上，推她到外面转转。

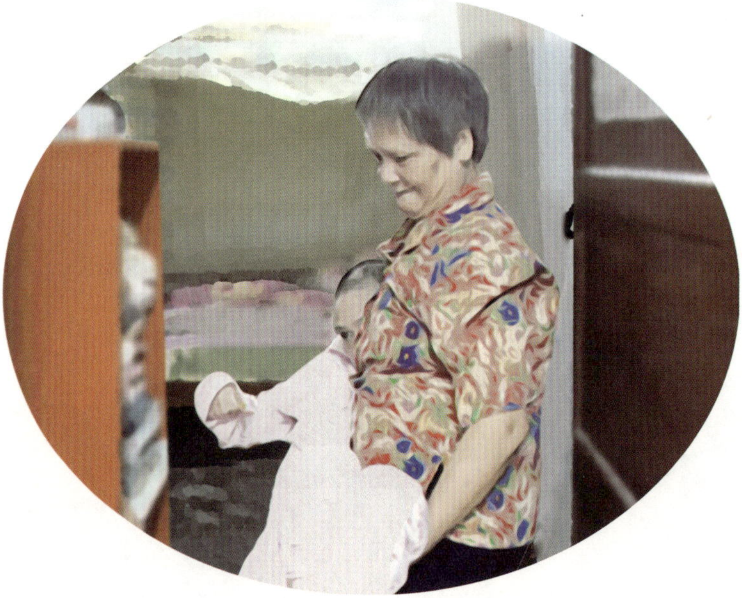

多年的辛苦劳累，加上长期营养跟不上，罗秀珍落下了肠胃病、高血压等疾病。医生建议她住院治疗，但她每次只是拿点药回家吃，每次看病，她都十分担心，担心的不只是自己的病情，更多的是女儿的冷暖。

如今，随着年岁的增长，罗秀珍的身体每况愈下。她手脚不麻利了，行动也大不如前，光给女儿穿衣服就得花费不少时间，有时为女儿翻几次身就喘得不行，做饭、喂食、按摩恢复都成了吃力活儿。

罗秀珍对女儿的不离不弃，感动了附近的居民。他们从最初的不理解、劝她放弃，到现在的尊敬、主动探望并搭把手。

在每一个母亲眼里，孩子是命运赐予的最好礼物。罗秀珍珍视这份礼物，她不仅赋予了女儿生命，还用柔弱的肩膀扛起女儿活着的希望。罗秀珍说："女儿是自己身上掉下来的肉，她瘫痪了，我有责任照顾。只要她活一天，我就会好好地照顾她一天。"

听好人故事

太阳花照亮太阳村

古宏媛，安徽省铜陵市郊区灰河乡太阳村的一个“90后”女孩，她给自己起了个微信名叫太阳花。太阳花，寓意忠诚、阳光、积极向上。她用稚嫩柔弱的肩膀担起了一家的重担，她就是照亮这个家庭的“太阳花”。

1991年，刚刚出生不久的古宏媛就遭父母遗弃，被太阳村的养父收养。谁料快乐的童年没过多久，古宏媛10岁那年养父就遭遇车祸去世，留下了年迈的奶奶和聋哑的二伯。从那时起，古宏媛就用自己幼小的肩膀撑起了这个家。每天清晨的忙碌都是从帮奶奶梳洗穿衣开始，为了不迟到，她天不亮就要起床。奶奶常年卧床，二伯又不会使用液化气，古宏媛每天都要将一天烧饭的柴火提前准备好。

古宏媛觉得自己像个男生，由于会劈柴等粗重活，小小年纪的古宏媛把自己定义为女汉子。古宏媛也是一个自信的女孩，“我感觉自己很棒！”她这样常常激励自己。生活有困难，她以笑容面对，她不怕累，再难做的事情对她来讲都无所谓，只要用心做，总会做好的。

初中毕业后为了照顾家里，古宏媛放弃了继续学习的机会，打工挣钱养家。2012年太阳村公开招聘工作人员，古宏媛孝老爱亲的事迹受到大家一致称赞，也为她赢得了给更多乡亲服务的机会。郊区灰河乡太阳村党支部书记朱忠旺不禁感慨赞叹：“她做的很多事情我们都做不到，非常了不起，她也以吃苦耐劳的精神来对待工作。”

奶奶在世时，古宏媛忙完了家里的一摊事，就匆匆赶去村里上班。

在村里上班，古宏媛最放心不下的就是卧床不起的奶奶，下班后不敢有丝毫停留就往家里赶。洗菜、切菜、下锅炒菜……她不仅什么事情都要做，还把这些当作是一种不错的历练。被家里指望，承担着责任，照顾好家人，是她生活中最重要的事情。

工作以来，古宏媛乐于助人、热心公益，与村里残疾人、空巢老人等特殊家庭结成“一帮一”帮扶对子，定期为他们打扫卫生、料理家务、买菜烧饭，大家都亲切地叫她“小姑娘”。

在村里的留守儿童心里，她是知心大姐姐，放假教孩子做作业、唱歌、画画，给他们讲故事。古宏媛还当起了农家书屋管理员，热情地接待每一位前来借书看书的村民，并为他们推荐合适的书籍。古宏媛依托农家书屋，组织开展了学习日、学习周、读书节等各具特色的学习读书活动，将文化知识深深植入每一个村民的心中。

2018年，古宏媛被推选为太阳村村委会主任。她说：“我在村子里土生土长，对我而言，这份工作就是为娘家人服务。”村委会主任的办公室在二楼，但房间内却布满灰尘，原来是古宏媛怕村里老人们上下楼不方便，特意搬到一楼大厅办公。如今，古宏媛的最大心愿就是带动村里发展经济，让娘家人过上幸福生活。她用一腔热情，唱响了“不是血亲胜血亲”的人间大爱，更温暖了太阳村的父老乡亲。

听好人故事

她是一道温暖的光

在爱人眼中，蓝连青是秉持着“舍”字家风，有舍有“德”的好妻子。

在女儿眼中，蓝连青是一位优秀的母亲，善良慈孝，乐于助人，她像一道光，温暖着别人，也照亮了全家。

蓝连青是谁？她是广西南宁市上林县镇圩瑶族乡镇马社区镇马街居民。在上林县镇圩瑶族乡，提起蓝连青一家，人们都会竖起大拇指。这家人五代同堂，尊老爱幼，遵纪守法，互敬互爱，积极进取，乐于助人，家庭和睦温馨，深受邻里和社会的好评。

2019年9月6日，身穿红装的蓝连青从南宁吴圩国际机场出口走出，胸前的第七届全国道德模范全国孝老爱亲模范奖章格外醒目。她动容地说，自己没有轰轰烈烈的事迹，只是用一颗孝心、助人为乐的心去对待生活，只有让别人感到幸福了，家庭和社会才会和睦。此次进京登上第七届全国道德模范的领奖舞台，她认识了更多模范，他们成为她的榜样，也激励她今后带领村民将和谐、美好、幸福传播下去。

蓝连青一家在全国道德模范颁奖仪式彩排时进行瑶族山歌和声表演，这独具特色的“南宁声音”获得现场热烈的掌声。

蓝连青的奶奶享年103岁，是上林县镇圩瑶族乡有名的长寿老人。老人在世时身体健康，总说：“身体好，是托了子孙们的福。”

每天早上，蓝连青总是第一时间来到奶奶房中，照顾奶奶起床穿衣、梳洗、吃喝等。晚上睡觉前，她要到老人床前探视，确保奶奶安睡后才放心。

照顾奶奶，还让蓝连青和草药结下了缘分。自从摔跤骨折后，奶奶不能站起来了，送到大医院也治不好。蓝连青便按照老中医的指点到悬崖峭壁上采草药为奶奶医治，其中最难采的一味药，得卧着爬过一道石缝才能摘到。丈夫卢成体形较大，进不去，只有体形娇小的蓝连青才能通过。自小就有恐高症的蓝连青虽然系好了保险绳，但腿还是不由自主地发抖。丈夫见状，心疼地说："阿妹，我看算了吧，这药我们不采了！"执拗的蓝连青一心想的都是奶奶的健康，仍咬紧牙关匍匐钻行，终于在竭力伸出右手的一刹那摘得草药。往回爬的时候，疲惫的蓝连青过于激动，眼镜磕碰到一条突兀的藤根掉下悬崖。没了眼镜，高度近视的蓝连青只能慢慢摸索而下，惊险的一幕让不远处的丈夫吓出一身冷汗。

她用细心和温情，一直悉心地照顾奶奶，直至2019年1月老人逝世。卢成说，他的爷爷曾留下一个祖训——人要懂得舍。在卢成看来，他将爱人蓝连青这种慈孝就理解为一个字"舍"，舍得付出，帮助别人，有舍有得，而这个"得"在妻子身上展现出来的就是品德的"德"。

蓝连青一家延续慈孝家风，家庭团结和睦，互敬互爱，亲情融融。如今，蓝连青父母虽然年逾八旬，但仍是当地瑶山歌艺术团的"歌王"。蓝连青的丈夫卢成是瑶山歌艺术团的团长。

在事业上，蓝连青是丈夫的好帮手，全力支持丈夫的事业。瑶山歌艺术团是当地有名的文艺团体，创建者就是蓝连青一家。蓝连青夫妇在闲暇时，努力收集散落在民间的歌词曲谱、民间故事，琢磨着如何发扬光大瑶山歌、瑶族文化。经过多方筹备，以蓝连青家族成员为主要成员的瑶山歌艺术团成立了。

以前，散落民间的瑶山歌歌词内容和唱腔比较单一。成立艺术团后，蓝连青和丈夫把曲调作了进一步提升，使山歌的曲调和唱腔更丰富，表现力更强。他们还将新农村建设、党的惠民政策、中华美德贤文等内容用本土壮音编成歌词进行传唱。这些词曲句式整齐，富有韵律，朗朗上口，通俗易懂，雅俗共赏，融知识性、趣味性为一体，再配上表现力强的舞蹈、戏剧等形式，具有很强的感染力，深受群众喜爱。

在蓝连青等人的努力下，瑶山歌艺术团名气渐响，打开了广阔的市场，还多次参加国家、自治区和市级各类表演，频获大奖，大放异彩。他们用瑶山歌唱响瑶族人的幸福新生活，让越来越多的人认识了镇圩瑶族乡，认识了瑶族文化。

在生活中，蓝连青是优秀的家庭主妇，侍奉老人、教导孩子、料理家务，把家庭照顾得细致入微。结婚多年来，他们夫妻恩爱、孝敬老人、热心助人、邻里和睦，是乡里有口皆碑的“模范家庭”。平时，夫妇俩十分注重言传身教，以德育人，两个女儿也很懂事孝顺，成绩优异。

蓝连青把对家人的关心关爱，延伸到亲朋邻里以及陌生人身上，成就了一种大爱。有这样一件事，邻里至今说起来都交口称赞。街上有一个叫梁伯新的老奶奶，丈夫去世得早，女儿已远嫁，留下老人独自生活。而且，因为丈夫的去世，梁奶奶还被夫家赶出家门，没有了住处，无依无靠。蓝连青知道此事后，收留了梁奶奶，暂时先安顿在自己家里，细心照顾了六七年。后来，她另外帮梁奶奶找到了居住的地方，还时常去帮助梁奶奶做家务活儿，不断送些生活用品等。多年来，蓝连青始终坚持帮助梁奶奶，直到老人去世。

在女儿卢思颖的眼里，妈妈蓝连青所做之事都是家常小事，难得的是，这几十年来妈妈始终保持着一颗尊老爱老的孝心、助人为乐的热情，这是卢思颖深感妈妈最可贵和伟大之处。看着妈妈站在领奖的舞台上，卢思颖热泪盈眶：“娇小的妈妈就像是一道光，温暖别人，照亮了我们。我爱我的妈妈。”

听好人故事

最好的反哺是陪伴

刚刚出生满8个月的王雅君，还没来得及感受父母的温暖，父母便离异了，父亲、母亲分别在外重组了家庭，她被爷爷奶奶抚养长大，从小跟着爷爷奶奶生活在老家安徽省黄山市歙县杞梓里。打记事起，她就清楚地记得爷爷奶奶对她的好，因为小时候体质很差，经常请假在家，爷爷上山做事，奶奶有很严重的类风湿关节炎，还弯着腰拄着拐杖，背着她到外面晒太阳。

爷爷奶奶一直在老家务农，奶奶手脚因关节炎变了形，可还是咬牙带大了孙女。13岁那年，奶奶病重，爷孙二人带着奶奶来到屯溪看病。为了全身心照顾爷爷奶奶，王雅君毅然放弃了学业。奶奶腿摔骨折了，只能躺在床上。从那时起，王雅君便开始学着烧饭、做家务，照顾患病的奶奶。

命运似乎总爱考验雅君的生命有多顽强，15岁那年爷爷又患上脑出血，半边腿脚不灵活，之前一家人就靠爷爷种些茶叶、菊花、养蚕维生，这下连爷爷都病倒了，家里家外便由年少的王雅君撑了起来。

2011年，68岁的奶奶因病去世，那年王雅君18岁。家里的积蓄所剩无几，为了养活爷爷，王雅君决定学门手艺。她思虑了一番，觉得凭自己的学历找工作也难，如果上班，照顾不了爷爷，不如学个手艺开个店还能照应到爷爷。

学习理发两年后，20岁的王雅君借了3万元，在屯溪区阜上小区东苑租了间30平方米的店面，“艺美”理发店开张了。因为爷爷行动不便，王雅君一直把爷爷带在身边。

“没有爷爷奶奶就没有现在的我，我长大了，应该要报答他们。奶奶辛苦了一辈子，她在世的时候我还小，没有能力挣钱让她享福，现在奶奶走了，爷爷就是我最亲的人，我要尽量给他最好的生活。”有了动力，加上王雅君为人真诚，做事认真，理发店的生意越做越好，祖孙俩的生活得到了保障。

女孩大了总要谈恋爱嫁人，有人也问王雅君：“你总不能把爷爷带着一起走吧？”她总是固执地回答：“不管到哪里，我都要带着爷爷，如果有一天出嫁了，我也肯定要把爷爷带在身边。”

其实帮王雅君介绍男朋友的人很多，可她觉得自己还小，也怕别人因为爷爷有所顾虑，所以她都拒绝了，还是先把自己的事业做好，再考虑个人的事。

2017 年底，爷爷突然脾气变大，开始王雅君并没有放在心上，而之后，店里经常出现尿液，她觉得有些不对劲，经检查，发现爷爷有了老年痴呆的症状。之后，爷爷病情越来越重，开始不认得人、赶客人走，甚至自己出走。

“我真的很想把爷爷留在身边照顾，但是要照顾爷爷就没法工作赚钱。”王雅君说，她和爷爷这么多年都没有分开过，刚开始把爷爷送到老年公寓，自己很难受，晚上更是控制不住地大哭。好在爷爷在老年公寓可以得到专业照顾，王雅君也可以放心赚钱，平时一有空就过去陪着爷爷。

生活的重担，让王雅君体会到了同龄人所不能体会的艰辛，但生活并没有压垮她，她始终充满了青春的活力。

雏既壮而能飞兮，乃衔食而反哺。王雅君最大的心愿，就是照顾好爷爷。“小时候，爷爷就是这样照顾我的，我也要这样照顾他，让爷爷能有一个幸福的晚年。”

听好人故事

久病床前有孝媳

清晨6点，湖南省衡阳市石鼓区青山街道西湖一村社区唐爱民家，寒风拍打着陈旧的窗台，嘭嘭作响。

橘色灯光下，唐爱民提起布满药垢的铁锅，将浓稠的中药倒入桶内，热气往她那瘦小而沧桑的脸上直扑。

唐爱民提着药桶来到瘫痪已久的88岁婆婆蒋桂香床前，如往常一样打开电视机和空调，便撑着床角跨上床去，用她那40余公斤的身躯支撑，将近80公斤的婆婆挪到床边，然后熟练地为婆婆擦身、洗脚……这些中药既可暖身，还可防止皮肤溃烂，这幕情景每天都会在这个家里“上演”，已经持续了30多年。

帮婆婆擦完身体，收拾一番后，腼腆爱笑的唐爱民才坐到沙发上，稍微休息一下。

1984年，唐爱民20岁。在衡阳岳峰瓷厂工作的她，正跟龙秋林谈着恋爱，日子平淡却透着甜蜜。然而，这年龙秋林的母亲蒋桂香突发脑梗变成了植物人。

“现在分手还来得及，别害了自己一生呀！”有亲朋好友见状，劝唐爱民趁年轻漂亮赶紧与龙秋林分手。

“我不想耽误你，我们分手吧。”与此同时，龙秋林的一席话也让唐爱民泣不成声。

他一个人，既要上班，又要照顾母亲，怎么照顾得好？坠入爱河的唐爱民，不顾亲朋的劝解，毅然放弃岳峰瓷厂的工作，申请调到蒋桂香住院附近的新亚商场工作。每天下班，她就跑去医院照顾老人吃喝拉撒，伴至次日。

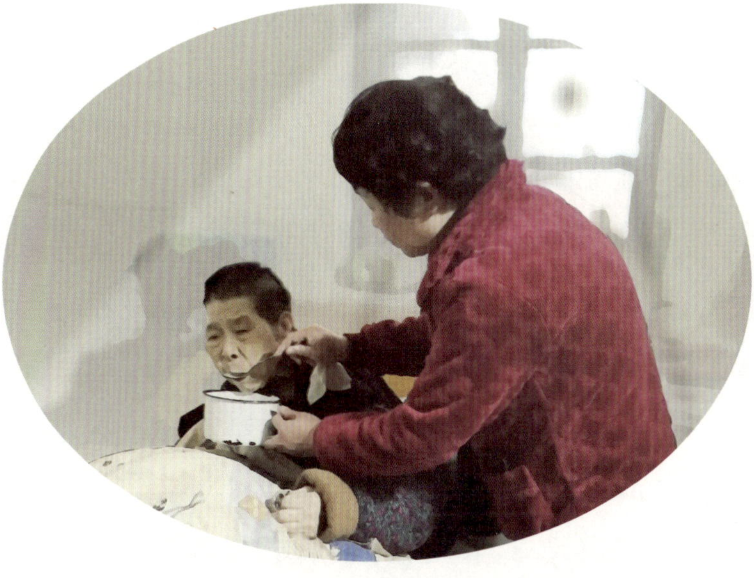

为了让龙秋林安心工作，唐爱民每天独自忙得脚不沾地，经常累

得在蒋桂香病床前站着睡着。不久，她的“睡功”迅速传开，她的故事也随之被人知晓。在很多病友眼里，她俨然成了蒋桂香不可替代的优秀护理员、营养家、理发师……

皇天不负苦心人，做梦都没想到奇迹与喜事接踵而至。两年后的一天，蒋桂香恢复了意识。不久，唐爱民便在瘫痪婆婆的见证下，与龙秋林结为夫妻，并很快怀上了孩子。

回忆起这段往事，唐爱民的嘴角总会忍不住上扬，洋溢着自信的微笑，坚定地说：“过去的苦难都成为历史，忘记昨天的苦，便不会觉得苦。”

30余年的照顾，说起来容易，做起来很难。

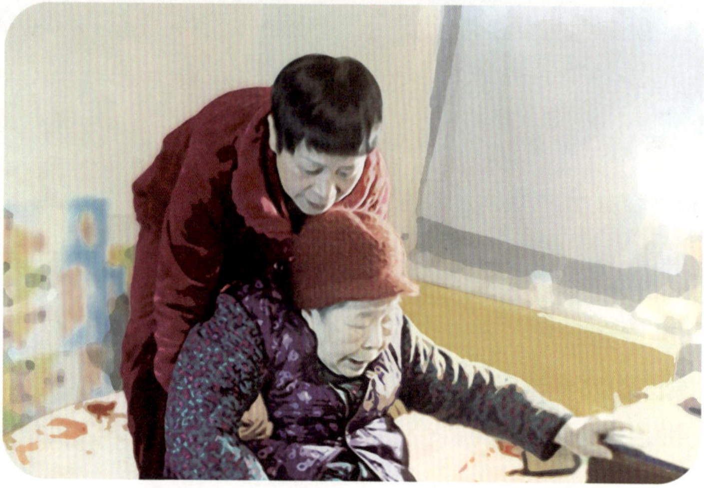

2003年，蒋桂香再次患上脑梗，医院甚至拒绝收治。

唐爱民不愿放弃：“如果不尽最大努力，我会自责一辈子。”她取出家中所有积蓄，为婆婆咨询了60余名医生，开出上百种药。经过积极治疗，婆婆的病情竟渐渐好转。

2011年，新亚商场因经营不善倒闭，唐爱民也随之下岗。之后，她便找了一家服装店做事，尽管收入骤减，她仍然乐此不疲。

她还帮婆婆在床头装了一键直通电话，并自制了空调隔风板，防止风直接吹到患有风湿的婆婆身上。怕婆婆打不开电视和电灯，她又在床头安装了两个控制开关。

“嘟……嘟……”手机一响，唐爱民迅速从沙发上起身，去厨房端来早餐喂给婆婆吃。婆婆自患病以来语言功能有障碍，有需要的时候就打电话叫唐爱民。每次唐爱民给婆婆喂完饭菜和药，婆婆都会用手比画着向她表示感谢。唐爱民前些年患上了心脏病，每当感觉快要坚持不下去时，只要想起婆婆还需要自己的照顾，便会重新打起精神。

“看到明天的美，自己就会觉得更美。要让婆婆的每个明天都能感到美好。”唐爱民说。

唐爱民的故事在西湖一村社区流传多年，她与婆婆的故事，早已成了婆媳和睦的“标杆”，她也因此被大家冠以“衡阳好媳妇”的美誉。

邻居颜素辉说，街坊邻里还自费创作并演绎了戏曲“社区好媳妇”，让唐爱民的故事越传越远。

听好人故事

模范丈夫坚守人间真情

纪道明是安徽省六安市舒城县五显镇梅山村仓房组村民。

1994年，纪道明与外村姑娘李邦芝结婚，后来有了儿子，一家人其乐融融。纪道明干农活儿是一把好手，养殖技术非常好，也善于思考钻研，带着对未来幸福生活的憧憬，他的拼搏劲头一直很足。然而，就在生活充满着无限希望的时候，灾难降临了……

2003年12月17日，妻子外出务工时被一辆大卡车撞出20米开外，从此卧床不起，四肢失去知觉，大小便失禁，完全丧失自理能力，精神也受到刺激，近似于植物人。虽然多方治疗，花去家里的全部积蓄，又背上20多万元的外债，但仍不见好转，当时孩子只有9岁，正是需要母亲的时候，全家的重担都压在了纪道明的肩上。

这场变故让纪道明几乎崩溃绝望，甚至没有勇气活下去。想想孩子，想想植物人的妻子，生活还要继续。纪道明暗下决心，“必须振作起来，从头开始，让妻子好好活着，把孩子扶养成人成才！”

10多年来，纪道明一边照顾妻子，一边养育孩子，一边打零工或种庄稼赚些微薄的收入养家糊口。每日三餐，他都按时做好饭菜端到妻子床头，为了不烫着妻子，他每次都不停地试着温度，待冷热合适的时候才送到妻子嘴边；为了让妻子更好地消化，他专门做些柔软易消化的食物，如果在外吃饭，还会带些好吃的给妻子尝尝。他担心妻子长期卧床造成肌肉萎缩，就坚持每天给妻子按摩；他怕妻子烦闷，每天都用轮椅推着妻子在山间小道上散心；他为了妻子的病情，借钱也要买药作理疗。

每当有人问他苦不苦、值不值的时候，纪道明都憨笑着答道：“在一天就照顾一天，一日夫妻百日恩，决不放弃！”

有爱就能创造奇迹。妻子或许感受到了老纪的爱心，从最初的不省人事中渐渐恢复了过来，她会笑了，还会用只有老纪听得懂的语言来跟他交流。“邦芝啊，哪里不舒服呀？”妻子咿呀咿呀地回应，老纪就明白了，帮她挠挠后背。“这个菜不好吃啊？”妻子哇啦哇啦地回应，老纪又明白了，下次换一种做法。

妻子出车祸时，儿子年仅9岁，刚上小学三年级，小小年纪，母亲便遭此大难，很难想象这样的境况会给孩子留下什么样的心理创伤。纪道明文化程度不高，但他明白自己就是孩子的全部。每当孩子失落时，他就轻轻地拍拍孩子的肩膀；每当外出劳作时，他带着孩子一同下地；每晚默默地陪着孩子做作业。在他的精心培育下，孩子健康成长并考入合肥铁道工程学院，毕业后在铁路部门工作。

2014年，纪道明被确定为建档立卡贫困户。村里帮纪道明申报了危房改造项目，落实了危房改造补助1万元，新建的房子焕然一新。妻子办理了残疾证，每年可按规定享受残疾人补助和慰问金，全家人办理了健康脱贫工程医疗服务证。多项帮扶措施并举，解除了纪道明脱贫的后顾之忧。“我虽然很穷，但我志不穷。摘掉贫困帽子，关键要靠自己的双手勤劳致富，一味等靠要是没有出路的，我必须行动起来。”纪道明自信地说。

2017年，在多方协调下，纪道明申请扶贫贷款5万元在梅山村仓房组租地3亩新建黄牛和皖西大白鹅散养基地，当年散养黄牛30头、白鹅200只、麻鸭200只，直接增收5万元，不但摘掉了“贫困户”的帽子，而且成了全镇闻名的养殖大户。

2018年，纪道明多次赴霍山、裕安、叶集等地学习养殖技术，与军明皖西白鹅养殖专业合作社现场达成了合作协议，订购了1000只鹅苗。在他的苦干实干下，2018年净增收7万多元，生活又上了一个台阶。

在脱贫致富的同时，纪道明从来没有忘记梅山村的父老乡亲。他始终把自己卖不完的新鲜牛杂、牛肉、牛血免费送给村里的困难群众，帮助他们改善生活；在修建牛棚的时候，他主动找到村里的贫困户，邀请他们铲土、砌墙、拔草，帮他们增加收入。纪道明常说：“我一家脱贫不是真的脱贫，大家都脱贫才是真脱贫。我养牛养鹅上规模了也要带带乡亲们。”

贫困户查明山患有严重的肾病，需要常年吃药透析，干不了重活儿。纪道明就邀请他来养殖基地务工，考虑到他的身体状况，干活儿的时候从不催促他，查明山感激地说：“我身体不好，在老纪这干点小活儿也能挣个千把块钱。”贫困户汪道仓经常在纪道明的白鹅散养基地帮忙放鹅，一天能挣80块钱。汪道仓的家属患有心脏病，自己年纪也大了，赶鹅的活儿又不重，还能增加收入，他觉得现在的生活很快乐。

2019年，为了更好地发展，纪道明申请注册了“纪道明”牌商标，同时又签订了1000只鹅苗的订购协议。到了白鹅出栏的季节，因为纪道明的白鹅喝的是天然湖水，吃的是野生嫩草，绿色无公害，质量有口皆碑，在朋友圈转发后，订单纷至沓来，短短几天上千只鹅便销售一空。收到钱款后，纪道明第一时间把代养白鹅的收益交到合作社，将困难群众的入股分红全部发放到位，大家对纪道明十分感激。

生在山村、长在山村，纪道明说，照顾好老婆孩子是他最大的责任，带动乡亲们增收致富是他最大的幸福。黝黑的肤色遮不住火红的内在，满身的泥浆尽显朴实的本色，山村汉子的感人故事也早已飞出了山外。

听好人故事

爱情永续　孝心永红

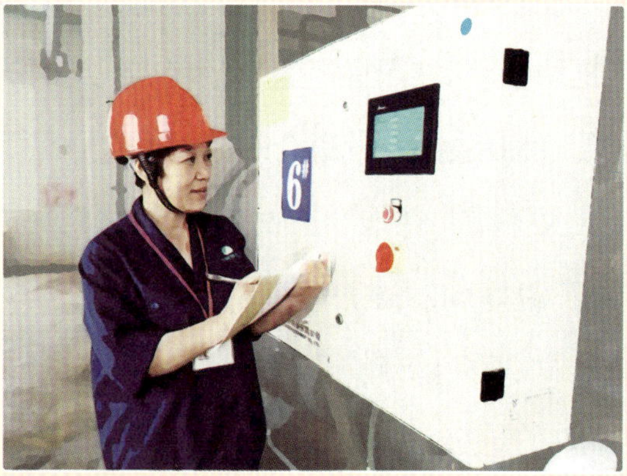

每每说起与丈夫的相识，张永红的眼眸中总会闪过一丝明亮。张永红和丈夫是师傅介绍认识的。张永红是河南商丘人，1995 年年底，她只身来到江苏省海门市，起初是跟着师傅做服装生意，师傅见她聪明伶俐、手脚勤快，就帮她做起了媒，与在工厂工作的严敏喜结良缘，在海门市三厂镇安了家。

严敏比张永红大十多岁，很会照顾人。虽然严敏的厂子效益不好，但张永红觉得，只要大家健健康康，凭借着勤劳的双手总会有法子赚钱的。那时候的张永红对未来充满信心，期待和丈夫一起开拓事业。

可是婚后不久，丈夫的身体一直抱恙。张永红心想着丈夫年轻，谁能没个小病小灾的呢，而且丈夫身强力壮，一定不会有什么大问题。

然而，几经波折，他们辗转于南通、海门等几家医院，检查和治疗的结果却一直不尽如人意。严敏的肾脏一直不好，但也查不出什么原因。那时候，张永红只是有些隐忧，但从未想过丈夫的病情会进一步恶化。

1998年年底的一天，那是让张永红毕生难忘的日子，也是张永红与丈夫结婚三周年的日子。一向乐观的她做梦也没有想到，丈夫竟然被查出患有尿毒症。这个病以前在老家的时候就听村里人说过，治不好，可没想到被自己家人给撞上了。张永红怎么也不愿意相信，丈夫怎么会患上这种病呢。

来不及多想，张永红只能一边上班赚钱，一边帮助丈夫积极治疗。一开始查出这病，严敏的心里也很痛苦，动不动就发脾气，难过的时候又摔东西又骂人。看着丈夫那般痛苦，张永红背地里不知道偷偷抹

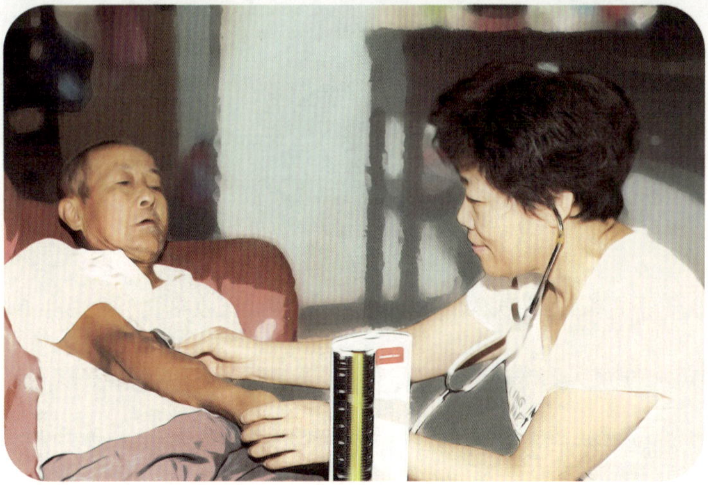

了多少泪。但她知道，自己不能离开他，丈夫脾气不好是因为身体不好，谁得了那种病，心情都会不好。丈夫一次次大发雷霆，张永红总是选择默默忍受，实在待不下去了，就跑到邻居家里躲一躲。有人劝她，干脆离开这里吧。张永红心中很清楚，他们劝她离开，不仅是因为丈夫有时候心情不好发脾气，更多的是因为，家里还有个智障的小叔子。

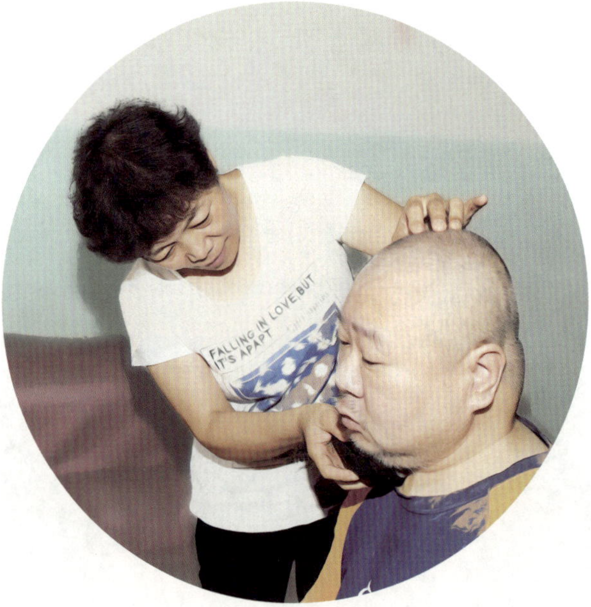

面对小叔子严华，张永红总会流露出慈爱和关切。严华在小学三年级的时候因为惊风、发烧，脑子烧坏了，智商就停留在孩子阶段。张永红说，小叔子一向很乖巧，几乎不怎么乱跑，喜欢在家里看电视。就是发病的时候会大吵大闹，生活不能自理。张永红和丈夫总是不忘给小叔子吃药、剪指甲、剃胡子、理发等。严敏身体好的时候，他会帮弟弟剪指甲。他身体不好的时候，一切就都落在了张永红的身上。长嫂如母，小叔子今年已经50多岁，可是在张永红的眼中，这个智障的小叔子就像是个童心未泯的孩子，什么都要哄着来。对他说话时，张永红总会把声音放得轻柔，慢声慢语。每天，她总是不厌其烦地给小叔子洗脸、做早饭等，家里也一并收拾得妥妥当当。

命运这般捉弄，张永红却心存坦然。“也许这就是我的命吧，我不能也不会选择逃避。”

家有病患，不论是精力还是财力都是负担。1999年，婆婆病危住院，而此时丈夫的病情忽然恶化，需要到南通做手术，丈夫、婆婆让她两头牵挂。分身乏术的张永红只能先在南通守护着丈夫，留下公公和小叔子在海门医院里陪护婆婆。等丈夫病情稍稳定一些，她就两地奔波忙碌，帮婆婆擦洗换衣，精心伺候。那时候的张永红很沮丧，心里像是绷紧的弦，既担心丈夫，又担心婆婆。后来，丈夫手术成功，但是婆婆却走了。回忆起当时的场景，张永红的眼角总是无限的哀婉，用衣袖偷偷拭去眼角的泪，她感觉很对不起婆婆。

没有一句抱怨，没有一天停歇，张永红用自己默默的付出撑起了这个家，给了丈夫最淳朴的爱。

日子波澜不惊，丈夫高昂的治疗费用常常让张永红感到深深的压力，在艰难的日子里，夫妻两人互相支持安慰。

但天有不测风云，2009年，公公又被查出患有膀胱癌，已经是晚期，一切都来不及了。短短数月，公公就撒手人寰，虽然这是意料中的事，可对于她而言，生命仿若再次跌入了无底深渊，这个家里又多了一个让她提起来便会红眼眶的人。公公在世的时候，张永红遇到了困难，还能有个人商量商量，心里难受了，他也特别理解自己。张永红说，公公走的时候80岁。她知道，他心里很苦，还有很多未了的心愿，而最不放心的就是自己走后，媳妇能不能继续撑起这个家。张永红说："爸爸您放心吧！我不会离开的！这个家我不撑谁来撑呢？"

张永红远嫁到海门，身边没有一个亲人，她内心早将公公当作自己的父亲。病情严重的时候，公公大便解不出来，十分痛苦，她就套着手套一点点帮他抠出来。张永红说，最遗憾的事情再一次发生了，就在公公生命垂危之时，丈夫病重，要到上海做手术。这一回，没能赶上见公公最后一面……

提及自己的孩子，张永红总会露出温馨的微笑，为了孩子，再苦再难也会坚持下去，苦难面前，更要给孩子树立一个好的榜样。张永红总说，孩子很懂事，很乖巧，还会做家庭的和事佬呢。原来，一次严敏心情不好，和张永红吵了起来，孩子看在眼里，急在心里。结果，小家伙偷偷跑到爸爸那边去做工作。对自己的爸爸说，妈妈赚钱很辛苦，你要多体谅她。接着，孩子又跑到张永红这头，劝慰妈妈说，爸爸生病不舒服，心情不好，要理解他。小小的人儿，竟这般善解人意，张永红心里一阵感动。现在儿子严世伟在海门中等专业学校读书，开朗活泼，学习自觉，曾荣获海门市"十佳美德少年"称号。

张永红是人们口中的“好儿媳”“好妻子”“好妈妈”。她曾荣获“十佳孝老爱亲之星”“十大温暖海门人物”“最美海门人”称号，其家庭还被评为“海门市孝老爱亲好家庭”、“海门市最美家庭”、海门市首届“五好文明家庭”。

谁说久病床前无孝子，久贫家中无贤妻？就是这样一个外来娘子，付出了二十多年的忠贞与孝心，用她对家庭的真心、对家人的爱心和对生活的信心毅然挑起了生活的重担，谱写了一段大孝至爱、感人肺腑的佳话。她就像是一只背着重壳的蜗牛，没有驰骋千里，却一步一步地到达了善良的峰顶。她用行动告诉我们：爱，是这个世界上最伟大的力量。张永红，人如其名，爱情永续，孝心永红。

听好人故事

母爱如山　撑起无涯学海

在北京市密云区溪翁庄镇石马峪村，有这样一对母子，在别的孩子肆意奔跑、跳跃的时候，小小的溢晟只能坐在妈妈的怀里。溢晟从小就发育慢，2岁才能站。上幼儿园那会儿老是摔跟头，家里人总以为他是缺钙……王溢晟被诊断为重症肌无力的那一日，原本其乐融融的日子，被噩耗冲得烟消云散。

重症肌无力会导致全身瘫痪，严重时可危及生命……医生的话语字字千钧，死死压在母亲王淑静的心头。

王淑静辞去了工作，把全部的精力放在了儿子身上，然而生活不是小说，努力就会有美好的结局，溢晟的身体每况愈下。8岁的时候，他突然摔倒在地，失去了行走站立和自理能力，从此与床榻、轮椅为伴。

由于无法行走，看书成了王溢晟唯一的爱好。但严重的疾病让王溢晟的身体变形，胳膊、腿都没有力气，王溢晟只能歪着脖子，左手吃力地放在书页上，认真看书。

妈妈，我想读书！虽然身患重病，但是溢晟对于学习仍抱有不懈的坚持。这让王淑静下定决心，她要带着儿子走一条异常艰苦的求学之路。

为了能够方便溢晟上学，母子二人租住在溪翁庄镇中心小学附近一处低矮的石棉瓦房。冬天房子四处透风，冷得可怕，夏天下雨的时候，外面下大雨，屋里下小雨，被子、衣服全部湿透。夜里，王淑静每隔两个小时帮儿子翻一次身，白天，每节课后都要去学校帮助他准备课本，协助他上厕所。夜里，她几乎没睡过一个囫囵觉，始终相伴不离。

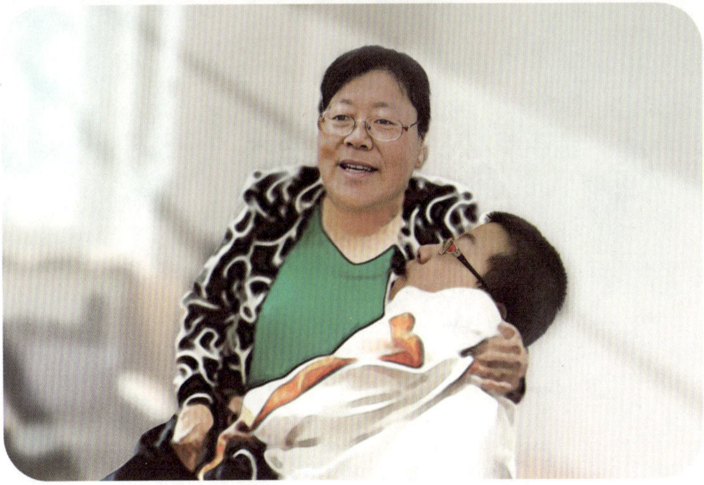

严重的疾病困扰着溢晟，胳膊、腿都没有了力气，甚至都伸不直了，视力也随之下降，上课看不清黑板，只能靠耳朵听、脑子记，作业

每天都要写到深夜，有时候第二天早上还要早起接着写。由于病情不断恶化，饭菜放到他手上也吃不到嘴里去，王淑静只好一口一口地喂。

学习需要体力，一坐就是很长时间，溢晟实在忍不住了就会跟王淑静说，妈妈，我身上每个地方都疼。每每听到这些话，王淑静都心疼不已。

到了初中，王淑静对儿子说，咱不上学了，别再受这份儿罪。溢晟却说："妈妈，饭可以一日不吃，觉可以一日不睡，但书不能一日不读。"听了这番话，王淑静的眼泪止不住地流了下来。从此，她再也不和溢晟提不上学的事情了，再苦再难都要陪着孩子走下去！

这样的日子，一过就是九年，在同学、老师和社会各方的关怀和帮

助下，溢晟不负众望，以优异的成绩考入了密云区重点高中——密云二中。此后，他的学习成绩一直名列前茅，成为同学们眼中的“学神”。

2019年7月，18岁的王溢晟以578分的成绩被北京工业大学录取。

因为要上大学，溢晟很兴奋，经常早上四点就起床了，除了小时候因为要检查身体，这还是王溢晟第一次离开密云。

一路走来，除了学习生活上的艰难坎坷，在参加考试上母子俩也遇到过不少的挫折。在一次学期考试中，由于王淑静的疏忽，递给溢晟的笔是坏的，王溢晟自己无法换另一支用，为了不打扰答题的同学，他交了白卷。为了这件事，王淑静至今仍后悔不已。

在当年高考语文考试中，由于坐的姿势不对，开考15分钟了，王溢晟依然无法正常答题。经沟通允许，王淑静走进考场救急，当时儿子已急得满身大汗。幸亏那次小事故影响不大，不然，溢晟可能就考不上大学了。

王溢晟说，能走到今天，他要感谢很多人，特别是妈妈。没有妈妈的付出，就不会有现在的自己。

王淑静说：“只要我能坚持一天，就支撑他一天，决不让儿子的梦想破碎。”

听好人故事

善良村妇不离不弃服侍卧床姑母

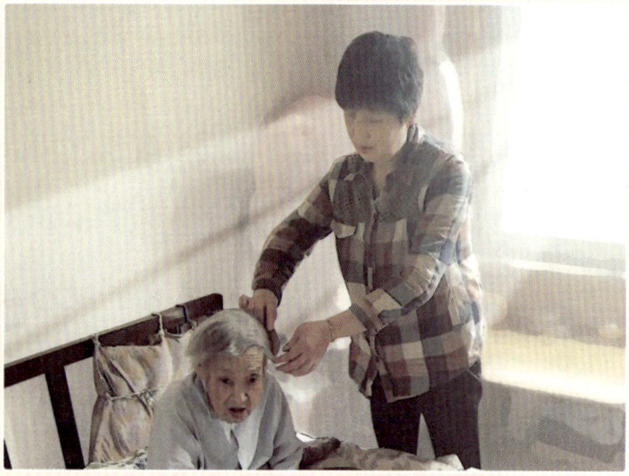

梅彩萍是江苏省常州市新北区新桥镇望湖社区居民。

2001年，梅彩萍的丈夫万建华犹豫着来到梅彩萍的面前，欲言又止。原来，万建华的姑姑万听娣当时76岁了，自己一个人居住，突如其来的疾病使她日常生活难以自理。建华想把姑姑接回家中照顾，以后一起生活。梅彩萍听后立即同意："好啊！她没有子女，我们小辈照顾她是应该的。这也是一件好事，住进来正好我们方便照顾。"万建华听后感动不已。

有一年除夕，一大家子人正张罗着年夜饭。89岁的万听娣也想为大家做些什么，颤颤巍巍地前去搬长凳，却突然直直地向下倒去。

幸好梅彩萍的女儿端菜经过，急忙把菜一扔，上前抱住她才不至于摔倒在地上。当时万听娣脸色惨白，神志不清，急坏了一家人。

梅彩萍连夜请了熟识的医生前来就诊。医生说，万听娣因为年纪大了导致小脑萎缩，身体没有以前协调了，所以才会摔倒，只能靠静养。第二天万听娣苏醒过来，但是口不能言，身体也无法动弹，只有眼珠能转动、眼皮能微微张阖，需要靠输液维持生命。

看到这种情形，周边的邻居都说老人坚持不了几天了，劝他们早做准备。梅彩萍当时听了很难受。毕竟在一起生活了这么久，早已是一家人了，不能眼睁睁地看着她这样离开。万听娣无法自己进食，梅彩萍就熬点粥，让丈夫箍住万听娣的嘴，将食物一勺勺送进去。

为了更好地照顾万听娣，梅彩萍咬了咬牙，干脆辞职在家专心陪伴。邻居建议梅彩萍将老人送进养老院，梅彩萍答道："那些护工需要照看的老人不止一位，也不能像我们一样理解她的需要，我不能这样做。"

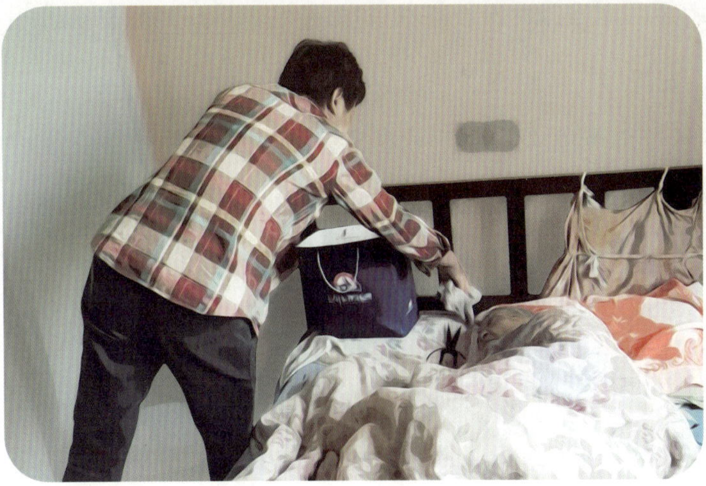

万听娣的身体没有知觉，梅彩萍需要每隔一两个小时就给她翻一次身。无论什么时候，梅彩萍夫妻俩都会有一个人留在家里，晚上定

时帮万听娣翻三次身，缓解淤血。就这样，一年多以后，90岁的万听娣竟奇迹般地痊愈了。她不仅能够自己吃饭，还可以照顾自己，甚至散步到隔壁小区和牌友们打会儿牌。邻里街坊都说这是奇迹，说梅彩萍这个侄媳妇孝顺、耐心，把老人照顾得无微不至。只要提到梅彩萍，大伙都要竖起大拇指。

2018年1月的一天傍晚，梅彩萍正在家做晚饭。万听娣突然再次晕厥昏倒，被紧急送往医院。医生说这次情况和之前一样，属于小中风。万听娣的双腿再次失去知觉，只能卧床在家。

这次中风之后，万听娣变得越来越固执，常常因为一些琐事发火。有一回，小区在办丧事，万听娣听到动静后使劲拉扯自己的头发并生气地说："为什么死的不是我……死的是我就好了，都是我害的你们！让你们和我一样要被困在这个房间里都没法出去。"梅彩萍见状赶忙去制止她、安抚她，像哄孩子一样耐心将她哄好。

现在的万听娣虽然只能卧床在家无法自由行动，时光在她的脸上留下了深深的丘壑，满头青丝变成华发，但她的意识思维很清晰。每当有人过来探望她，她总微笑着说："麻烦你来看我了，真是给你添麻烦了。"

梅彩萍始终很乐观，她说："现在姑姑每顿都要吃一大海碗，一天吃三大海碗，也许过一段时间又可以下床去搓麻将了！"

听好人故事

孝顺女婿与百岁岳母

上午10点多，家住江苏省连云港市连云区墟沟街道大巷社区的董安德出门买菜了。走在连云港深冬的街头，零下的气温加上吹来的海风，他不由得把衣服又裹紧了些。他要买些岳母喜欢吃的小白虾，还要买点肉，回家用高压锅炖得烂烂的。

1981年结婚后，董安德就把患病的岳母接到家中照顾。如今，岳母杨秀凤已经100多岁了。2006年的秋天，妻子陶文萍因病去世，董安德也没有想过放弃："做人要对得起良心，我不能撇下老岳母！"

董安德是大巷社区闻名的孝顺女婿。他在幼年还不记事时，父亲就不在了，高中刚毕业，母亲又因肝病过世。想起这段往事，他心里还是酸酸的。1981年，董安德结婚了，终于有了一个属于自己的家。

妻子是家中独女，岳母又有高血压、冠心病，董安德干脆把两位老人接过来一起住。岳母每天都要吃药，也不能工作，一个月下来要上百元钱。20世纪80年代一个人的工资也就只有几十元，上百元的花销让一家人倍感压力。董安德心想，尽量多干点活儿，和妻子两个人苦一点没关系，只要老人身体好就行。

不过，平静幸福的生活很快就被击碎了。1998年，岳父因食管癌晚期去世。此前，为了给岳父看病，家中积蓄已所剩无几。紧接着2000年初，妻子陶文萍又在上班时突然晕倒，经诊断确诊为脑胶质瘤。看着病房里的妻子、家中年迈的岳母还有两个年幼的女儿，董安德暗自下定决心：作为家里的顶梁柱，砸锅卖铁也要照看好家人！

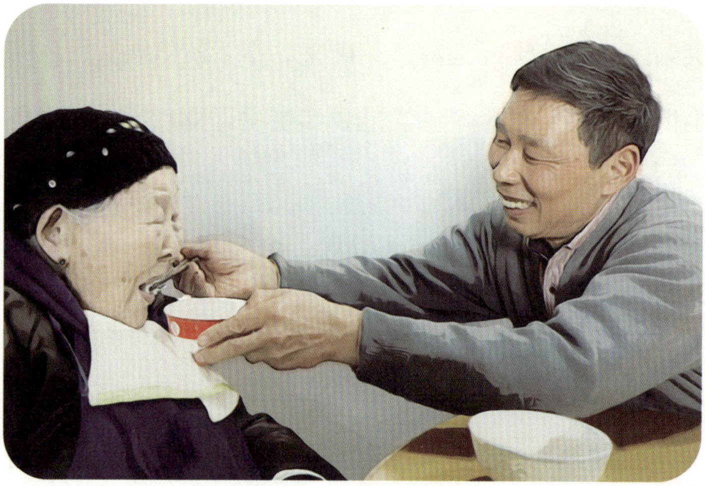

屋漏偏逢连夜雨。2001年，董安德所在的工厂倒闭，他下岗了。

妻子经过手术后，要继续治疗，岳母还要吃药输液。为了生计，董安德只能拖着疲惫的身躯在夜里兼职，接送残疾小孩上下学、做保安……他那几年干过很多工作。

由于脑胶质瘤一再发作，2006年，陶文萍因医治无效去世。经历了丧夫丧女的悲痛，时年88岁的杨秀凤老人悲痛欲绝，身体状况更差了。为了让老人从悲痛中走出来，董安德决定不再婚娶，把岳母当成自己的亲生母亲照顾，也算告慰刚刚离世的妻子。

照顾体弱多病的岳母需要耐心，也需要像照料幼儿一样的细心。软烂的饭菜、温暖的衣服、床头的奶粉蜂蜜……董安德总是变着花样让岳母过得更舒服。看到董安德忙个不停，老人总是笑眯眯的。

为了保证营养，每天的肉类和蔬菜都要均衡。厨房里有一个高压锅，这是董安德专门为老人准备的。岳母牙都掉光了，肉要用高压锅炖烂，这样不用怎么咀嚼就能吃下。老人平日里最喜欢吃的小白虾，董安德也会经常买，由于虾壳略硬，他会一个一个剥掉壳，小心翼翼地喂给老人吃。

得益于董安德的悉心照顾，岳母杨秀凤虽然已经100多岁，不怎么能说出完整的话了，但身体还不错，一部分生活起居还是能自理的。岳母平时闲不住，还喜欢做针线活儿。从虎头鞋到小香囊，再到圆形的杯垫，床头、衣柜上到处挂着的布艺，都出自老人之手，穿针引线的动作很是熟练。

自从妻子过世后，董安德在附近学校找了个维修工作，加上退休工资每月能有4000元左右的收入。他白天可以回家做午饭，偶尔也能回家照顾一下老人。不过到了夜里，他也不敢睡得太沉，时不时就要打开岳母房门看一眼。担心冬天太冷可能会引起感冒，他还花了2万多元给家里装上了暖气片。

老人房间墙上挂着一个摄像头，正对着床。这是董安德为了确保他外出时老人的安全，让女儿从网上买的，连上网络就能随时看到老人在家的状态。

老人床头的书桌上放着一张照片，照片上董安德用轮椅推着身穿红色外衣、戴着红色帽子的岳母，老人家正笑眯眯地张望着，两旁是农村艺人化着妆划旱船的热闹场景。这是老人一百大寿时拍的。

2016年，董安德被查出患有膀胱癌，那次他是真的害怕了。“如果我垮了，家里老人怎么办？”好在手术后到目前，身体恢复得不错。现在他的生活始终围绕在照顾岳母上，对于疾病，董安德坦言：“现在我也很注意身体，不敢再生病。”

听好人故事

后记

HOUJI

2014年9月5日，中国文明网结合开展多年的网上“我推荐我评议身边好人”活动，策划推出了《好人365》专栏，一年365天，每天讲述一位中国好人的故事，弘扬生活中的真善美。截至目前，栏目已推出2100多期，受到社会各界及广大网友的关注和好评，仅新浪微博话题阅读量已逾24.3亿。与此同时，中国文明网分别于2015年12月、2017年3月、2018年12月，编辑出版了线下同名读本《好人365故事》（青少版）第一季、第二季、第三季，面向青少年读者特别是在校中小学生宣传身边的凡人善举、平民英雄。三季15本，460多个小故事，让孩子们看到了身边很多普通人向上向善的可贵品格，感受到了当代中国在追求美好生活、实现伟大梦想征途上的情怀、境界、精神和力量。

为进一步深化社会主义核心价值观宣传教育，引导青少年学习先进典型，我们在以往工作的基础上，继续从《好人365》栏目中精选了163个精彩故事，汇编成《好人365故事》（青少版）第四季。本季图书分为《助人为乐》《见义勇为》《诚实守信》《敬业奉献》《孝老爱亲》五册，故事真切感人，语言流畅生动，并配有大量彩色图片。每个故事都在文末添加了二维码，读者通过扫描二维码还可听故事。

习近平总书记指出：“世界上最难的事情，就是怎样做人、怎样做一个好人。要做一个好人，就要有品德、有知识、有责任，要坚持品德为先。”希望这套故事书能够帮助和引导青少年朋友们学会做人、学会做一个好人；能够从身边做起、从小事做起、从现在做起，扣好人生第一粒扣子；能够学习和传承中华优秀传统美德，自觉践行社会主义核心价值观，在人生道路上走得更正、走得更远；也希望更多人能从这些故事中汲取精神营养、感悟道德力量，争当身边好人、争做时代新人，不断凝聚起实现中华民族伟大复兴中国梦的强大力量。

本书在编辑过程中得到了中宣部、中央文明办领导同志的关心和支持，各省（区、市）文明办、文明网积极参与，提供了大量素材。中国文明网承担了本套书的牵头组织协调工作，在此表示衷心感谢！